KRISTINA ZIEMER-FALKE
& JÖRG ZIEMER

WELPEN BASICS

Alles, was Hundehalter wissen müssen

KRISTINA ZIEMER-FALKE
& JÖRG ZIEMER

Alles, was Hundehalter wissen müssen

INHALT

6 MOST WANTED

- 9 Mit Herz und Verstand
- 10 **Auf einen Blick:** Allzeit bereit
- 12 The Sentinel
- 15 Hundesprache
- 18 Proaktiv
- 20 Partnerwahl
- 22 **Auf einen Blick:** Salonfähig
- 26 Gute Kinderstube
- 28 Security Check
- 30 **Auf einen Blick:** Must-Haves
- 32 **Selber machen:** Hundedecke
- 33 Hund & Recht

34 TEAMGEIST

- 37 Auf zu neuen Ufern
- 39 **Step by Step:** Miteinander warm werden
- 40 **Spotlight:** Charakterköpfe
- 42 Die ersten Tage
- 46 **Interview:** Troubleshooting
- 48 Stubenreinheit
- 50 Hunde & Kinder
- 52 Zusammenraufen
- 54 **Reportage:** Öffentlichkeitsarbeit
- 56 Von Anfang an
- 57 **Step by Step:** Aktives Ignorieren
- 58 **Reportage:** Dogsitting
- 61 Krisenmanagement
- 63 **Step by Step:** Hundeknigge
- 64 **Interview:** Mein Traumhund
- 66 Welpe & Junghund
- 69 **Selber machen:** Kuschelknochen
- 71 **Step by Step:** Sorglos unterwegs
- 72 **Spotlight:** Hundewetter

74 DOGGY STATION

- 77 Fitness Food
- 79 **Selber machen:** Hundekekse ratzfatz
- 80 **Auf einen Blick:** Beauty & Care
- 82 Was tun?

86 JOBS & SPIELE

- 89 Partner fürs Leben
- 92 **Auf einen Blick:** Trainingszubehör
- 94 Alles gecheckt?
- 98 **Spotlight:** Kommunikation
- 101 To Dos
- 102 **Übung:** »Sitz«
- 104 **Übung:** »Platz«
- 106 **Übung:** »Hier«
- 108 **Übung:** »Nein«
- 110 **Übung:** »Auflösesignal«
- 112 **Spotlight:** Clickern
- 114 Immer locker bleiben
- 116 **Übung:** »Leinenführigkeit«
- 119 Zeit für ein Spiel
- 121 Ein Spiel für alle Fälle
- 122 Fair Play
- 124 Spielen verbindet
- 126 **Auf einen Blick:** Spielsachen
- 128 Denkspiele
- 131 Hundeschule
- 133 **Step by Step:** Da bin ich!
- 134 **Interview:** Troubleshooting
- 136 Auf Kurs bleiben

- 138 Adressen & Literatur
- 140 Register
- 142 Glossar
- 144 Impressum

DIE GU-QUALITÄTS-GARANTIE

Wir möchten Ihnen mit den Informationen und Anregungen in diesem Buch das Leben erleichtern und Sie inspirieren, Neues auszuprobieren. Bei jedem unserer Produkte achten wir auf Aktualität und stellen höchste Ansprüche an Inhalt, Optik und Ausstattung. Alle Informationen werden von unseren Autoren und unserer Fachredaktion sorgfältig ausgewählt und mehrfach geprüft. Deshalb bieten wir Ihnen eine 100 %ige Qualitätsgarantie.

Darauf können Sie sich verlassen:
Wir legen Wert auf artgerechte Tierhaltung und stellen das Wohl des Tieres an erste Stelle. Wir garantieren, dass:
- alle Anleitungen und Tipps von Experten in der Praxis geprüft und
- durch klar verständliche Texte und Illustrationen einfach umsetzbar sind.

Wir möchten für Sie immer besser werden:
Sollten wir mit diesem Buch Ihre Erwartungen nicht erfüllen, lassen Sie es uns bitte wissen! Wir tauschen Ihr Buch jederzeit gegen ein gleichwertiges zum gleichen oder ähnlichen Thema um. Nehmen Sie einfach Kontakt zu unserem Leserservice auf. Die Kontaktdaten unseres Leserservice finden Sie am Ende dieses Buches.

GRÄFE UND UNZER VERLAG
Der erste Ratgeberverlag – seit 1722.

MOST WANTED

KEINE FRAGE –
EIN WELPE MUSS ES SEIN

Sie sind loyale Gefährten in allen Lebenslagen. Kein Wunder, dass immer mehr Menschen von einem eigenen Hund träumen. Ein Dream-Team? Ja, wenn die Entscheidung wohlüberlegt ist und von ganzem Herzen kommt!

▶ MIT HERZ & VERSTAND ◀

MIT HERZ & VERSTAND
WORAUF ES HUND ANKOMMT

Sie sind der Meinung, dass Ihr Leben erst mit Hund richtig »rund« wird? Weil er immer für Sie da ist, bedingungslos zu Ihnen steht und freudiger Begleiter bei allen Freizeitaktivitäten ist? Damit dies alles wahr wird, müssen Sie dem künftigen Familienmitglied nicht nur einen festen Platz in Ihrem Herzen, sondern auch in Ihrem Alltag einräumen.

Der Hund ist »in«! Egal in welcher Lebenssituation wir uns gerade befinden, der Wunsch nach einem Hund passt irgendwie immer ins Leben. Und dennoch – die Entscheidung, ob ein Welpe Ihr Leben erobern und bereichern darf, sollte nicht aus dem Bauch getroffen werden, sondern will gut überlegt sein. Denn was sich Ihr neuer vierbeiniger Mitbewohner am meisten wünscht, ist Ihre Zuwendung.

MITEINANDER – FÜREINANDER
Regelmäßige Mahlzeiten, die je nach Rasse mehr oder weniger aufwendige tägliche Körperpflege und immer mal wieder ein Gesundheitscheck samt Impfung und Entwurmung beim Tierarzt – über diese Pflichten ist sich wohl jeder angehende Hundehalter im Klaren. Doch damit Ihr Welpe Sie als verlässlichen Partner akzeptiert, müssen Sie ihm noch weitaus mehr bieten. Einen sicheren Rahmen beispielsweise, in dem er sich von Ihnen beschützt weiß und spielerisch seine Fähigkeiten erproben kann. Das schließt bestimmte Grenzen und Regeln nicht aus, solange diese konsequent eingefordert werden. Ein berechenbares Verhalten ist unabdingbare Voraussetzung dafür, dass Ihr Welpe zu Ihnen Vertrauen fassen kann. Ausgiebiger Kuschelkontakt ist gleichfalls erwünscht. Und was könnte das Wir-Gefühl mehr stärken, als sich bei gemeinsamer Beschäftigung und Bewegung als Team zu bewähren und jeder Herausforderung gewachsen zu sein? Zeit und Engagement sind also gefragt, damit Sie für Ihren Welpen zur Bezugsperson werden, dazu der nötige Hundeverstand, um ihn in seinem Wesen zu erkennen und zu respektieren. Vertrauen muss verdient werden, immer wieder neu. Gelingt Ihnen das, schließt sich der Welpe Ihnen nur zu gerne an und ist bereit, sich Ihrem Leben anzupassen.

Wer kann da schon widerstehen? Ein süßer Welpe auf dem heimischen Sofa! Doch passen Sie auf, nur zu schnell hat uns der kleine Held um den Finger gewickelt!

▸ MOST WANTED ◂

ALLZEIT BEREIT

SO LERNT DER HUND

Hunde haben Spaß am Lernen. Sie erweitern dadurch ihr Verhaltensrepertoire und können sich so den unterschiedlichsten Situationen anpassen. Das Beste daran: Sehr viele wichtige Dinge lernt Ihr Welpe ganz nebenbei, während er mit Ihnen unterwegs ist.

SCHON IN DER WURFKISTE

Motorik, Koordination und erste Umgangsformen lernen Welpen völlig unbewusst beim Spielen mit den Geschwistern. Auch für ältere Hunde hält der Alltag immer wieder Neues bereit ...

VORBILDER

Was man sich da nicht alles abschauen kann! Welpen orientieren sich an der Mutter, Junghunde an ihren »Kumpels« auf der Spielwiese. Aber hallo: Gerade in letzterem Fall entsprechen die dabei erlernten Verhaltensweisen nicht immer dem Wunsch des Besitzers!

AUSPROBIEREN

Erfolg oder Misserfolg, das ist die entscheidende Frage! Zeigen Sie auf ein Verhalten Ihres Welpen eine für ihn angemessene Reaktion, wird ihn das in seinem Tun bestärken, bei Desinteresse lässt er's künftig bleiben. Fachleute nennen das »operante Konditionierung«.

EIGENE ERFAHRUNGEN

Bestandene Herausforderungen geben ein gutes Gefühl und stärken die Selbstsicherheit. Ob unbekanntes Hindernis oder Balancieren über einen Baumstamm – verschaffen Sie Ihrem Vierbeiner immer wieder die Möglichkeit, neue Aufgaben eigenständig zu lösen.

▸ ALLZEIT BEREIT ◂

VERSTÄRKER

Erwünschtes Verhalten verdient eine Belohnung. Diese muss so prompt wie möglich erfolgen, also innerhalb der nächsten 1–2 Sekunden. Nur dann kann Ihr Welpe sein Verhalten mit Ihrer Reaktion in Zusammenhang bringen. Es müssen auch nicht immer Leckerchen sein. Probieren Sie es doch mal mit Streicheleinheiten oder einer kleinen Spielerunde. Hauptsache, Ihr Hund ist wild darauf!

STRAFE?

Klingt ernst? Keine Sorge: Verbale Entgleisungen oder Schlimmeres sind absolut tabu! Versuchen Sie, unerwünschtes Verhalten wie etwa Betteln zu ignorieren. Der größte Misserfolg für ihn, denn eigentlich wünscht er sich ja nur Ihre Zuwendung.

SIGNALE

Sie sagen »Sitz!« und erwarten, dass sich Ihr Hund auf sein Hinterteil setzt? Das funktioniert nur, wenn Sie ihm vorher gezeigt haben, was er tun soll. Erst wenn er die gewünschte Handlung sicher beherrscht, führen Sie auch das Signal dazu ein. Nur so kann er beides verknüpfen.

KONSEQUENZ

Sie ist das A und O in der Hundeerziehung. Nur wenn Sie konsequent bleiben, wird Ihr Welpe begreifen, dass Sie bestimmte Regeln eingehalten und gegebene Signale umgesetzt sehen möchten. Das dient ihm zur Orientierung und vermeidet unnötige Diskussionspunkte zwischen Ihnen beiden.

▸ MOST WANTED ◂

THE SENTINEL
DIE WELT MIT ALLEN SINNEN BEGREIFEN

Die optische Vielfalt der verschiedenen Hunderassen bringt uns immer wieder zum Staunen. Noch mehr aber die außergewöhnlichen Sinnesleistungen, die allen Vertretern dieser Art zu eigen sind. Da müssen wir uns nicht wundern, wenn der Vierbeiner das eine oder andere Reh schneller wahrnimmt als wir und ohne uns auf und davon ist!

IMMER DEN RICHTIGEN RIECHER

Hunde können Duftnoten so fein unterscheiden und aus unterschiedlichsten Geruchswolken herausfiltern, dass wir blass werden vor Neid. Obwohl die Riechareale in ihrer Nase noch nicht bis ins kleinste Detail erforscht sind, staunen wir dennoch über die außergewöhnliche Riechleistung:

⦿ Unter Ruhebedingungen atmet unser Hund zwischen 10–30 Mal pro Minute, kleinere Hunde mit 30–50 Mal etwas mehr. Falls Ihr Welpe frequenter atmen sollte als ein erwachsener Hund – nur keine Sorge, das ist normal!

⦿ Hat Ihr Hund einen wichtigen Auftrag erhalten, wie etwa eine versteckte Dose oder eine Person zu suchen, so können Sie auch 400–500 Atemzüge pro Minute zählen. Eine extreme Leistung, in die das komplette Herz-Kreislauf-System eingebunden ist. Die Herzfrequenz ist erhöht und der Hund hechelt, nicht zuletzt, um die vermehrte Anspannung abzuschwitzen. Intensives Schnüffeln ist eben anstrengend, das treibt auch die Körpertemperatur in die Höhe, gut feststellbar an dem »Satz heiße Ohren«, den Ihr Hund bei der Schnupperarbeit bekommt.

⦿ Der Hund verfügt über etwa 200 Millionen Riechsinneszellen und ca. 20 Milliarden Riechzilien, die unter anderem als sensorischer Bereich für die Duftinformation dienen. Im Vergleich dazu haben wir Menschen 5–10 Millionen Riechzellen, die mit jeweils 5–20 Riechzilien ausgestattet sind. Kein Wunder also, dass der vierbeinige Kavalier über mehrere Kilometer eine läufige Hündin erschnuppern kann. Wir merken dies nur indirekt, wenn er schon auf und davon ist!

Machen Sie Ihrem Welpen die Freude, und lasten Sie ihn nach seinen besonderen Fähigkeiten aus. Versuchen Sie herauszufinden, mit welchem seiner Sinne er am besten und liebsten arbeitet!

DOUBLE FEATURED

Zudem haben Hunde noch einen weiteren Joker in der Hinterhand, besser: im Gaumendach. Die Anatomen sprechen vom Vomeronasalorgan, besser bekannt ist es als Jacobson'sches Organ, benannt nach seinem Entdecker, dem dänischen Arzt Ludvig Levin Jacobson. Heute geht man davon aus, dass Hunde über zwei anatomisch und funktionell voneinander abweichende Riechsysteme verfügen, die sich ergänzen. Das Vomeronasalorgan soll nach derzeitigem Wissensstand bereits unmittelbar nach der Geburt funktionieren und – so nimmt man an – spezielle Düfte aufnehmen, die z. B. Aufschluss über Status, Geschlecht und Gesundheitszustand eines anderen Artgenossen geben. Der eigentliche Riechsinn setzt zeitverzögert ein und ist bei der Geburt noch nicht voll entwickelt.

MIT WEITBLICK

Welpen kommen blind auf die Welt, die Sehfähigkeit entwickelt sich erst nach einigen Tagen. Dass Ihr Welpe Sie mit scharfem Blick mustert, brauchen Sie dennoch nicht zu befürchten. Hunde können Objekte, die weiter als 40 cm entfernt sind, nur verschwommen erkennen. Kurzschnauzigen Hunden wird allerdings ein besseres Schärfesehen nachgesagt. Auch in der Farbwahrnehmung sind Hunde den Menschen unterlegen, denn sie können nur zwischen Blau und Gelb unterscheiden, Rot wird nicht wahrgenommen. Dafür sind sie bestens gerüstet, um auch kleinste Bewegungen in der Ferne zu erspähen. Da ihre Augen seitlich am Kopf liegen, haben sie einen weiten Bereich ihres Umfeldes im Blick. Und falls Sie sich schon immer gefragt haben, warum die Augen des Hundes in der Nacht leuchten: Das liegt am sogenannten Tapetum lucidum, einer Pigmentschicht hinter der Netzhaut, die einfallendes Licht reflektiert und Ihren Hund dazu befähigt, auch die letzten Lichtstrahlen des Tages optimal auszunutzen.

LAUSCHANGRIFF

Auch das Gehör des Welpen lässt sich nach der Geburt noch etwas Zeit, bis es voll entwickelt ist. Doch ab etwa der dritten Lebenswoche sind die Lauscher voll einsatzbereit. Das Gehör der Hunde ist dem des Menschen bei Weitem überlegen, und das nicht nur, weil sie auch Frequenzen im Ultraschallbereich wahrnehmen können. Das Erstaunliche dabei: Auf Dauergeräusche reagieren sie mit weniger Stress als wir! Man vermutet, dass Hunde selektiv hören und Unwichtiges ausblenden können. Warten Sie nur ab! Später kann es durchaus passieren, dass Sie in der Küche in aller Ruhe etwas essen. Ihr Welpe liegt entspannt neben Ihnen. Beim letzten Geräusch, welches das Ende Ihrer Mahlzeit ankündigt, steht er auf und blickt Sie auffordernd an. Er kennt den Laut und weiß, dass nun er an der Reihe ist.

Das Leben mit allen Sinnen genießen! Beobachten Sie Ihren Hund dabei, wie er seine Sinne einsetzt – das macht Spaß, und Sie lernen seine Sprache noch besser!

DER RICHTIGE TOUCH

Nichts passiert zufällig, schon gar nicht bei Ihrem Hund. Sie sitzen am Schreibtisch und arbeiten konzentriert. Da kommt er vorbei, berührt Sie ganz leicht, und was tun Sie? Ganz klar, ohne bewusst darauf zu achten, greifen Sie mit einer Hand in sein Fell und streicheln ihn. Ihr kleiner Freund hat Sie gut im Griff und nutzt hier seine Möglichkeit, auch über sein Fell mit Ihnen zu kommunizieren. Berührungen, sofern gewünscht, sind gesund. Schon längst weiß man, dass es dabei zu einer Ausschüttung von Oxytocin kommt, und das gilt ja schließlich als »Glückshormon«!

▸ HUNDESPRACHE ◂

HUNDESPRACHE
BODY, MIMIK UND MUNDWERK

Voraussetzung für ein harmonisches Miteinander ist Kommunikation. Hunde als Rudeltiere verfügen über vielfältige Verhaltensmuster, um sich untereinander zu verständigen. Wollen wir sie verstehen, gilt es, die Signale richtig zu interpretieren. Die gute Nachricht: Eigentlich kennen wir diese Sprache auch, wir müssen uns nur wieder daran erinnern.

ANALOG ODER DIGITAL

Wir Menschen sprechen und schreiben – wir nutzen überwiegend die digitale Kommunikation. Diese ist heutzutage unumgänglich. Doch wir wissen auch, welche Tücken dahinterstecken. Daher gibt es »Emoticons«. So kann bei einer E-Mail, einer SMS etc. garantiert nichts schiefgehen, und wir werden nicht missverstanden. Dennoch passiert es, dass Sender und Empfänger aneinander vorbeireden – Kommunikation ist nun mal sehr vielschichtig. In Zeiten, in denen alles immer schneller und besser verlaufen soll, sind Hektik und Stress vorprogrammiert. Zudem sind wir in der Lage, in der Gegenwart zu leben, aus der Vergangenheit zu lernen und die Zukunft zu planen. Da ist es nur zu verständlich, dass unser Hund sich zwischendurch sicherlich fragt, warum wir Menschen so ein gestresstes Dasein führen. Sein Problem ist, dass er sich diesem Leben anpassen und sich darin orientieren muss. Helfen Sie Ihrem Vierbeiner, indem Sie stehen bleiben und innehalten.

/// SCHON GEWUSST? ///

ANALOGE KOMMUNIKATION

Die analoge Kommunikation wird auch die Sprache der Wütenden und Liebenden genannt. Kleine Kinder und ältere Menschen beherrschen sie perfekt – die Sprache der Emotionen. Vielleicht wird es unter anderem so erklärbar, warum viele Menschen dieser beiden Altersgruppen so einen »guten Draht« zu Tieren haben. Auch bei ihnen spielt sich das Leben im Hier und Jetzt ab. Und nun vergleichen Sie mal, wie oft Sie das in Ihrem Alltag schaffen?!

Früh übt sich! Gerade Kinder haben oft eine besondere (Ver-)Bindung zu Hunden. Na klar, beide beherrschen meist perfekt die analoge Kommunikation.

Auch wenn es so wirkt, als würde er sich ausruhen – glauben Sie nicht, dass dieser Welpe Sie aus den Augen lässt. Er beobachtet Ihr Handeln und verarbeitet zudem viele Erfahrungen aus seinen Aktivitätsphasen. Das nennt man latentes Lernen.

Führen Sie sich vor Augen, dass sich Hunde anders verständigen als wir, sie nutzen die analoge Kommunikation und können die hektische Welt nicht mit Logik begreifen – und mal ehrlich, wir selbst oftmals ja auch nicht.

AUF EMPFANG

Lassen wir uns also auf die Sprache des Hundes ein. Welche Signale aus seiner Umwelt kann er aufnehmen und interpretieren? In erster Linie sind folgende zu nennen:

- Geruchsstoffe
- akustische Signale
- optische Reize
- Berührung
- Geschmacksstoffe

In der Wahrnehmung dieser Signale ist er sehr geschult und weiß dies nach jeweiliger Notwendigkeit gezielt einzusetzen. Auch Kombinationen verschiedener Signale kann er erfassen und angemessen darauf reagieren, solange er nur genug Zeit und Gelegenheit hatte, entsprechende Verhaltensweisen zu erproben bzw. zu trainieren.

MIT VOLLEM KÖRPEREINSATZ

Doch welche Signale nutzt Ihr Hund, um sich Ihnen mitzuteilen? Nutzen Sie Ihre Stärke der bewussten Wahrnehmung, und beobachten Sie ihn in seinem Tun und Ausdrucksverhalten. Die Basics für den Anfang:

- **Der entspannte Hund:** Die Rute hängt – rassetypisch – locker, wie alle Körperteile des Hundes, von Kopf bis Fuß. Sein Blick geht freundlich umher. Der Hund verteilt nicht unnötig Energie, etwa durch Anspannung. Wenn Sie Ihren Welpen berühren, ist auch seine Haut weich und locker.
- **Der imponierende Hund:** Er zeigt, was er hat. Durch die körperliche Präsenz möchte er gleichgeschlechtliche Artgenossen auf Abstand halten – das andere Geschlecht jedoch

anlocken. Durchgestreckte Beine, Kopf und Rute erhoben, breite Brust, Spannung des gesamten Körpers, hölzerner Gang – das sind die klassischen Anzeichen, an denen Sie einen imponierenden Hund erkennen. Typisch ist auch das Imponierscharren oder die T-Stellung. Bei Letzterer stellt sich der Überlegene quer vor den anderen Hund und schneidet ihm den Weg ab. Aus der Vogelperspektive betrachtet, sieht die Stellung wie ein T aus.

• **Der defensiv drohende Hund:** Der Ursprung dieses Verhaltens liegt in der Angst. Der Hund hat Angst, eine für ihn wichtige Ressource zu verlieren. Dennoch ist er verteidigungsbereit. Den defensiv drohenden Hund erkennen Sie daran, dass er sich recht klein macht (Embryonalstellung), die Ohren sind angelegt, die Augen schlitzförmig, er hat eine spitze Maulspalte, eingeknickte Beine, der Schwerpunkt des Hundes liegt auf den Hinterläufen, zudem ist er fluchtbereit. Die Rute ist oft eingezogen, das Nackenfell kann aufgestellt sein. Oft ist zu erkennen, dass der Hund nach vorne anläuft, was nach einigen Schritten auch sofort wieder in den Rückzug übergehen kann.

• **Der offensiv drohende Hund:** Hier ist sich der Hund seiner Stärke bewusst und zeigt das auch durch optische Präsenz. Sein gesamter Körper ist nach vorne auf den »Gegner« gerichtet. Auch die Ohren zeigen nach vorne, die Maulspalte ist rund, die Nase gekräuselt, die Stirn liegt in Falten. Das Gewicht eines offensiv drohenden Hundes ist nach vorne verlagert, er ist bereit zum Angriff. Die Nackenhaare stehen hoch, und die Rute ist erhoben, wedelnd in der Taktung.

• **Die passive Unterwerfung:** Der unterlegene Hund erkennt die Stärke des anderen an, indem er sich auf den Rücken legt. Er wendet den Blick vom Gegner ab, verhält sich ruhig und sorgt so für Deeskalation.

• **Die aktive Unterwerfung:** Hier hockt der Hund mit wedelnder Rute vor dem Stärkeren und leckt ihm die Lefzen. Die Ohren sind nach unten gezogen. Das eine oder andere Mal kann daraus eine weitere Interaktion entstehen – auch eine fröhliche Spielerunde!

FACETTENREICH

Die beschriebenen Verhaltensweisen spiegeln nur die Extreme wider. Mischformen sind möglich und alltäglich. Jeder Hund sollte diese Ausdrucksformen beherrschen, denn richtig eingesetzt schützen sie ihn vor Verletzungen. Auch Aggressionsverhalten ist eine normale und wichtige Form der Kommunikation. Für einen Hund ist es überlebensnotwendig, dass er Aggressionsverhalten mit der Intensität einsetzt, die im jeweiligen Kontext für ihn erforderlich ist. Ziel dabei ist, den Gegner auf Distanz zu halten. Wie er es gezielt und angemessen einsetzt, kann er spielerisch mit Artgenossen trainieren – was oft recht »wild« wirkt. Je besser und vielseitiger ein Hund kommunizieren kann, desto weniger Probleme wird er im Umgang mit seiner Umwelt haben – egal, ob mit Vier- oder Zweibeinern.

/// INFO ///

Das Ausdrucksverhalten hat für Sie nur eine Aussagekraft, wenn Sie den situativen Kontext mit einbeziehen, also die Gesamtsituation, in der das Verhalten gezeigt wird. So ist es z. B. falsch zu behaupten, dass sich ein Hund freut, nur weil er mit dem Schwanz wedelt. Das bedeutet zunächst einmal nicht mehr, als dass der Hund zu einer Interaktion bereit ist. Aus welcher Stimmungslage diese entsteht, lässt sich nur anhand der Gesamtsituation ableiten.

Jung, dynamisch, gut aussehend – so präsentiert er sich gerne in der Öffentlichkeit. Dabei gespannte Aufmerksamkeit, damit ihm auch nichts entgeht.

PROAKTIV

RUNDUM GUT VORBEREITET

Teddyfell, Stupsnase und Kulleraugen – Welpen sehen aus wie Kuscheltiere, wollen aber nicht nur die Couchecke, sondern alle Bereiche unseres Lebens erobern. Hundehaltung als Fulltime-Job? Überlegen Sie vorab, welche Freiräume Sie sich, aber auch Ihrem Welpen einräumen wollen. So können Sie von Anfang an klare Grenzen setzen.

BETT – COUCH – KÖRBCHEN

Darf ein Hund nun auf das Sofa, oder darf er nicht? Das ist in erster Linie Einstellungssache! Sofern Sie den Wunsch vieler Hundehalter nach ausgiebigem Kuschelkontakt auf der Couch oder im Bett teilen, so sollten Sie doch im Auge behalten, dass nicht all Ihre Besucher oder gar Familienmitglieder gleichermaßen »amused« darüber sein müssen. Helfen Sie Ihrem Welpen, mit diesen unterschiedlichen Erwartungen an ihn klarzukommen. Das Zauberwort hierbei heißt »Konsequenz«. So könnten Sie beispielsweise ein Erlaubnis-Signal einführen, etwa »Hopp«. Und schon weiß der Youngster, dass er mit auf die Couch darf. Umgekehrt sagt ihm bei entsprechendem Training ein knappes »Runter«, wann wieder Schluss damit ist. Das schafft Klarheit. Und stehen Sie in der Bredouille, dass ein Familienmitglied den abendlichen Tatort mit Hundeküsschen auf der Couch verbringen will, ein anderer lieber ohne, so gibt es auch dafür eine einfache Lösung: eine Decke. Als optisch eindeutiges Signal verschafft diese Ihrem Welpen die nötige Orientierung: Decke nicht auf der Couch – Mist aber auch! Decke auf der Couch – Kuschelzeit! Falls Ihr Welpe engem Körperkontakt noch leicht skeptisch gegenübersteht, so sollten Sie das respektieren und ihm Zeit und viel Gelegenheit geben, das nötige Vertrauen zu fassen.

BITTE NICHT STÖREN

Als souveräner Partner haben Sie also das Recht, gewisse Privilegien zuzuteilen. Körperliche Nähe ist eines davon. Ob auf dem Sofa oder in Ihrem sonstigen Alltag, Sie müssen dem Welpen nicht jederzeit zur Verfügung stehen. Und haben Sie in Ihrer Wohnung bestimmte Bereiche zur Tabuzone erklärt, so sollte er auch dies respektieren.

Auch ein noch so süßer Welpe kann den Schalk im Nacken tragen, oder wo kommt sonst der rote Gegenstand in seiner Schnauze her?

Allerdings brauchen auch Hunde einen festen Platz, an dem sie – fernab von allen Pflichten als Familien- und Begleithund – mal gründlich abschalten können. Gerade Welpen und junge Hunde benötigen ausgiebige Ruhepausen, um das Erlebte und Gelernte zu verarbeiten und neue Energie aufzutanken. Ob Decke, Körbchen oder Box bleibt Ihnen überlassen, im Zweifelsfalle entscheidet sowieso Ihr Vierbeiner, an welchem Platz er am besten relaxen kann. Und darauf kommt es an! Ihr Welpe soll den Ort gerne aufsuchen, jederzeit erreichen können und nicht mit schlechten Erfahrungen verbinden. Ihn für ein Fehlverhalten quasi »in die Ecke zu stellen« und auf seine (Entspannungs-)Decke zu schicken, ist mittlerweile »old school«.

BEI WIND UND WETTER

Haben Sie die Möglichkeit, mehrmals täglich – sieben Tage die Woche – mit Ihrem Welpen spazieren zu gehen? Oder gibt es Zeiten, an denen es bei Ihnen eng wird? Kümmern Sie sich rechtzeitig darum, wer in Ihren Engpässen die Gassi-Vertretung übernimmt. Klar, dass Sie im Gegenzug auch mal helfen. Und hätten Sie gewusst, dass es in vielen Städten sogenannte Hutas (Hundetagesstätten) gibt, die das »Dogsitting« übernehmen? In Familien hilft es, einen Wochenplan zu schreiben, in dem jeder Aufgaben zugewiesen bekommt. Eintragungen zu Fütterungszeiten, Pflege, Trainingseinheiten etc. finden sich hier auch wieder. So sehen Sie mit einem Blick, ob Sie an alles gedacht haben.

/// INFO ///

Personal advice – Hunde sind in der Arbeitswelt zunehmend willkommen. Mit dem entsprechenden Benimm sorgen sie für gute Laune im Büro und steigern die Leistungsfähigkeit ihrer Besitzer. Sprechen Sie rechtzeitig mit Ihren Vorgesetzten und Kollegen ab, ob Sie Ihren Welpen mit an den Arbeitsplatz nehmen dürfen. Falls ja, dann planen Sie schon mal ein, ihn frühzeitig daran zu gewöhnen. Räumlichkeiten, Gerüche und Geräusche – alles ist noch einmal neu für ihn. Ein Platz in Ihrer Nähe gibt Geborgenheit.

NICHT VERGESSEN EINZUPLANEN

1. **Futter**: Je nach Alter verlangt Ihr Hund nach zwei bis vier Mahlzeiten am Tag. Welche Kosten Sie hierfür veranschlagen müssen, ist neben der Tagesfuttermenge auch von der Fütterungsform (→ *Seite 78*) abhängig.

2. **Ausstattung**: Leine, Halsband & Co – eine gewisse Grundausstattung (→ *Seite 30*) gehört einfach dazu. Aber auch sonst gibt es nützliche Dinge, die Ihnen die Pflege (→ *Seite 80*) und das gemeinsame Training (→ *Seite 92*) mit Ihrem Welpen leichter machen.

3. **Gesundheitsvorsorge**: Entwurmungen, Impfungen wie auch der regelmäßige Gesundheitscheck durch den Tierarzt oder Tierheilpraktiker sind gleichfalls einzuberechnen.

4. **Hundeschule**: Der Besuch einer Welpengruppe lohnt sich immer. Doch auch später stehen Ihnen erfahrene Hundetrainer gerne mit Rat und Tat zur Seite (→ *ab Seite 130*).

5. **Friseurtermin**: Bei manchen Hunderassen (→ *Seite 22–25*) muss das Fell regelmäßig getrimmt werden. Lassen Sie sich den Umgang mit der Schermaschine aber zumindest einmal vom Fachmann zeigen. Und falls es in Ihrem Badezimmer für ein Ganzkörperbad des Hundes etwas zu eng ist, bieten Hundesalons entsprechende Möglichkeiten.

Ein Hund ist keine einmalige Anschaffung. Ob Futter, Zubehör, Tierarzt oder Hundeschule – es entstehen laufende Kosten, die Sie in Ihren Etat einkalkulieren müssen.

▸ MOST WANTED ◂

PARTNERWAHL
UND WELCHER HUND WIRD ES JETZT?

Unter den Psychologen herrscht Einigkeit: Menschen finden sich sympathisch, weil sie Übereinstimmungen feststellen. Genauso ist es in der Mensch-Hund-Beziehung: Dauerhaftes Glück entsteht nur, wenn sich der Vierbeiner aufgrund seiner rassetypischen und individuellen Veranlagungen im Lebensumfeld seines Besitzers einfinden kann.

NEUES ROLLENVERSTÄNDNIS

Beschützer von Haus und Hof, Helfer bei der Jagd und beim Hüten des Viehs – das ist lange her. In unserer Gesellschaft werden Hunde kaum noch ihrem ursprünglichen Zweck gemäß gehalten. Ihr Platz ist heute vor allem an der Seite Ihrer Besitzer, sie sind Sozialpartner und haben als Begleit- und Familienhunde vor allem die Aufgabe, unseren Alltag schöner und reicher zu machen. Wie sieht also der ideale vierbeinige Begleiter aus? Auf die richtige Mischung kommt's an, so möchte man meinen. Denn er soll

◈ **so wenig** Jagdverhalten zeigen, dass er keine Gefahr für Kinder darstellt, von Wild abrufbar ist und die Nase nicht ständig am Boden hat, aber doch **so viel**, dass man mit ihm auch mal »Hol's Stöckchen« spielen kann;

◈ **so wenig** territoriale Verteidigung an den Tag legen, dass Besuch oder Kunden jederzeit gefahrlos ins Haus kommen können, aber doch **so viel**, dass er anschlägt, wenn sich nachts jemand an der Tür zu schaffen macht;

◈ **so wenig** Aktivität einfordern, dass man ihn nicht den ganzen Tag beschäftigen und bei Laune halten muss, aber doch **so viel**, dass er keine »Schlaftablette« ist, die sich zu nichts motivieren lässt.

Und wie ist es bei Ihnen, wie soll er für Sie sein?

GUT GEWÄHLT

Wir haben zuhause auch Hunde, zur Zeit einen Schweizer Sennenhund und einen Kurzhaar-Bernhardiner. Würde man mich fragen, warum wir uns für genau diese beiden »Chaoten« entschieden haben, so wäre meine Antwort, dass Hunde für mich zur Familie gehören und ich mir zudem einen »Beschützer« wünsche. Mein Mann hingegen wollte »Kumpels«, die ihn begleiten und abends mit am Lagerfeuer liegen. Wir konnten für uns eine tolle Wahl treffen – allerdings nur in gegenseitigem Einverständnis. Mit einem sehr sportlichen Hund hätte er mich vielleicht überfordert, da ich schon beim Gedanken an Sport schwitze ...

/// **SCHON GEWUSST?** ///

VORSICHT: UNSERIÖS!

Kaufen Sie keinen Hund aus Mitleid. Wenn Sie sich für einen Welpen aus dem Tierschutz entscheiden, dann wenden Sie sich an eine seriöse Organisation. Ehrenhaften Anbietern liegt daran, dass ihre Schützlinge ein gutes Zuhause finden. Lassen Sie sich nicht unter Druck setzen!

PARTNERWAHL

DRUM PRÜFE, WER SICH EWIG BINDET

Zeichnen Sie auf ein kariertes Papier ein Koordinatenkreuz. Von der Mitte aus nummerieren Sie im gleichen Abstand die Zahlen von 0 bis 10 an jeder Gerade, dann die Enden des Kreuzes mit folgenden Eigenschaften beschriften:
- Bereitschaft mit dem Menschen zusammenzuarbeiten
- Reaktivität
- territoriale Verteidigung
- Jagdverhalten

Tragen Sie nun entsprechend Ihren Vorstellungen Bewertungspunkte in das Kreuz ein, und verbinden Sie die Linien miteinander. So entsteht die unten gezeigte Grafik. Jetzt wird's spannend! Haben noch mehr Personen bei der Wahl mitzuentscheiden, so soll jeder mit einer eigenen Farbe in das Diagramm eintragen, wie motiviert der Traumhund für ihn sein sollte. So lässt sich ganz leicht feststellen, inwieweit es Übereinstimmungen gibt oder noch Gesprächsbedarf. Sind Sie sich einig, können Sie als Nächstes überprüfen, ob die von Ihnen ins Auge gefasste Rasse von den Eigenschaften her in Ihr gemeinsam erarbeitetes Muster passt. Und – wie sieht es aus? Haben Sie Ihren Traumhund schon gefunden, oder müssen Sie noch etwas weitersuchen?

Natürlich lässt sich die Grafik auch durch weitere Charakteristika ergänzen – überlegen Sie einfach, auf welche Eigenschaften es Ihnen in Ihrem persönlichen Lebensumfeld ankommt. In jedem Falle bietet das Koordinatenkreuz eine gute Entscheidungshilfe. Viel Spaß dabei!

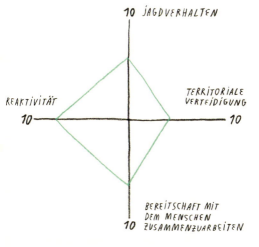

Damit Sie Ihre Entscheidung nicht »aus dem Bauch heraus« treffen müssen – das Koordinatenkreuz als Orientierungshilfe.

EIN HUND WAR SCHON IMMER MEIN GRÖSSTER TRAUM

Ich habe meine Eltern tot genervt! »Ich will einen Hund!« In meinen Augen waren sie viel zu lange konsequent, denn ich habe Jahre gebraucht, sie zu überzeugen. Doch dann durfte »Oskar« endlich einziehen. Er war ein Entlebucher Sennenhund und brachte ordentlich Schwung in das Familienleben. Das Thema Hundeschule war damals noch nicht so präsent wie heute, und so schlugen wir uns alle mit Höhen und Tiefen durch den Alltag. Es war eine tolle Zeit und »JA«, er war eine Bereicherung für die ganze Familie. Der zweite Hund ließ nicht lange auf sich warten, und unser Leben veränderte sich grundlegend – auch im Nachhinein und in Bezug auf alle Nachfolger. Bei jedem neuen Hund sagt man sich: Jetzt mache ich alles anders und besser – und es macht Spaß über die Jahre zu sehen, was wir besser machen konnten und wie viel wir über die Kerle gelernt haben. Ohne Hund?? Never ever!

Heute, über 25 Jahre später, hat sich an dieser Überzeugung bei mir nichts geändert, trotz »Mehraufwand« im Alltag – aber mal ehrlich, ein perfekter Haushalt wird doch total überbewertet. Außerdem kann man ihn nicht streicheln ...

EIN HUNDEHALTER SAGTE MAL ZU MIR: »FEHLT IHNEN AUCH DAS HUNDEHAAR IN DER SUPPE, WENN ES MAL NICHT IM TOPF IST?«

Kristina Ziemer-Falke, 34, konnte sich ihren Traum erfüllen: Heute lebt sie mit Mann, Kindern und vielen Tieren auf ihrem eigenen Hof.

▸ MOST WANTED ◂

SALONFÄHIG

RASSEMERKMALE UND INNERE WERTE

Jung, ledig, sucht - eine häufige Beschreibung, um den Partner fürs Leben zu finden. Bei Ihrem Welpen sind freundlich, geduldig, entspannt, aufgeschlossen und leicht zu führen wichtige Attribute, damit Sie beide glücklich werden. Eine kleine Kandidatenauswahl:

CAVALIER KING CHARLES SPANIEL

— **AUSSEHEN:** Große Augen, freundliches Gesicht, langes und glänzendes Fell – ein Charmeur von überzeugender Art!

— **CHARAKTER:** Für diesen liebenswerten Hund gibt es sogar ein eigenes Gesetz, das ihm »den Einzug« ins englische Parlament erlaubt. Aber auch in seinem Körbchen fühlt er sich wohl. Er ist ein unauffälliger Hund, der gerne und schnell lernt.

— **HALTUNG UND PFLEGE:** Hauptsache, er ist mit dabei! Pflegen Sie sein Fell regelmäßig, um Knoten zu verhindern.

PUDEL

— **AUSSEHEN:** Seine Lockenpracht macht ihn zu einem echten Hingucker. Gibt's von klein (2–3 kg) bis groß (18–25 kg) und in vielen Farben – die Wahl liegt bei Ihnen!

— **CHARAKTER:** Als beliebter Hund älterer Damen hatte er ein Imageproblem. Alles Schnee von gestern! Ein freundlicher, abenteuerlustiger Familienhund mit eigenem Kopf ist er, der aber leicht zu führen ist, wenn er Vertrauen gefasst hat.

— **HALTUNG UND PFLEGE:** Pudel haaren wenig bis gar nicht. Gut für Allergiker! Das schnell nachwachsende Fell muss allerdings regelmäßig getrimmt werden.

GOLDEN RETRIEVER

— **AUSSEHEN:** Bei der Geburt sind sie fast weiß! Das creme- bis goldfarbene Fell der später mittelgroßen Hunde (34–40 kg) entwickelt sich erst im Laufe der Zeit.

— **CHARAKTER:** Sportlich, dynamisch, kraftvoll und dennoch sensibel – das trifft auf den Hobbyschwimmer zu, der Ihnen gerne mal den Pantoffel hinterherträgt.

— **HALTUNG UND PFLEGE:** Voll integriert und unauffällig, so wirkt er in der Öffentlichkeit. Das helle Fell braucht etwas Pflege und hält ihn nicht davon ab, in die nächste Matschpfütze zu springen.

▸ SALONFÄHIG ◂

MALTESER

— AUSSEHEN: Klein (3–4 kg), weiß, lockig und ohne Unterwolle – kein Wunder, dass er nur wenig haart.

— CHARAKTER: Präsentiert sich gerne als Schoßhund, und dennoch schlummert in ihm eine »wilde« Seite. Spielen und rennen, das liebt er. Doch zeigt er sich auch von seiner mutigen Seite und reagiert oft angstfrei. Wird er als Hund behandelt, so hat er alles, was er braucht.

— HALTUNG UND PFLEGE: Er wird Ihr Leben aufmuntern mit seiner erfrischenden Art! Kontrollieren Sie seine Augen regelmäßig, da sich durch das lange Fell manchmal Entzündungen einstellen können.

MOPS

— AUSSEHEN: Ein Mops aus gesunder Zucht sollte lange Beine und genügend Nase zum Atmen haben. Er präsentiert sich in Falb, Silber, Schwarz und Aprikose.

— CHARAKTER: Lebensfroh, aufgeschlossen und humorvoll – er bringt Sie garantiert zum Lachen. Als Mops schätzt er es, mit Ihnen zusammenzuarbeiten. »Klein aber oho«, ein treuer Gefährte halt.

— HALTUNG UND PFLEGE: Haaren tut er, aber das kurze, weiche Fell an sich ist nicht pflegeintensiv. Halten Sie seine Kopffalten immer gut sauber, das hilft, Hautirritationen und Entzündungen vorzubeugen, die nicht gerade nach Aftershave duften …

NEUFUNDLÄNDER

— AUSSEHEN: Es darf ein bisschen mehr Hund sein? Hier ist er: Groß (54–68 kg), stark, schwarz, braun oder schwarz-weiß erweist er sich als langhaariger Riese.

— CHARAKTER: Sanftmütig, schlau, treu und freundlich ist er, dazu ein guter Schwimmer, der auch mal gut alleine bleiben kann. Doch freut er sich auch immer wieder auf ein gemeinsames Training!

— HALTUNG UND PFLEGE: Platz benötigt er schon. Bei Investitionen sollten Sie immer in XXL denken und planen. Damit sein Fell nicht verknotet, bedarf es regelmäßiger Pflege. Bei sommerlichen Temperaturen sorgt Scheren für Entlastung.

🏠 STADTHALTUNG MÖGLICH	👪 FAMILIENFREUNDLICH
🪮 HÖHERER PFLEGEAUFWAND	◉ BRAUCHT VIEL BESCHÄFTIGUNG

MOST WANTED

POINTER

—*AUSSEHEN:* Ein kurzhaariger, mittelgroßer (25–30 kg) Hund, dem man nachsagt, dass er mit dem Alter schöner wird.

—*CHARAKTER:* Sensibel, temperamentvoll, »diplomatisch strategisch« bei Konflikten mit anderen Hunden, dazu kooperativ, lernwillig und klug – bestechend! Ist aber auch jagdlich ambitioniert.

—*HALTUNG UND PFLEGE:* Geben Sie ihm etwas zu tun, und trainieren Sie den Pointer nach modernen Kriterien, dann werden Sie einen tollen Familienhund bekommen, der sich prima anpasst. Zudem benötigt er wenig Fellpflege.

FRZ. BULLDOGGE

—*AUSSEHEN:* Klein, aber bullig ist sie (8–14 kg) – wie der Name schon sagt. Das kurze Fell ist schwarz, braun, creme, scheckig oder gestromt, z. T. auch mehrfarbig.

—*CHARAKTER:* Sie bindet sich sehr leicht und intensiv an Menschen. Ihre Bereitschaft, körperliche Nähe zum Menschen nicht nur zu tolerieren, sondern auch zu suchen, ist sehr hoch. Sie freut sich immer über Aufgaben, die Sie ihr stellen.

—*HALTUNG UND PFLEGE:* In beiden Bereichen ist die Bulldogge sehr unkompliziert. Am liebsten möchte sie immer bei Ihnen bleiben. Vor langen Spaziergängen in der Sonne ist abzuraten, Bulli verträgt keine Hitze. Auch können sich immer mal wieder Futtermittelunverträglichkeiten einstellen.

COCKER SPANIEL

—*AUSSEHEN:* Mittelgroß (12–15 kg) und langhaarig sieht er in all seinen Farbvarianten immer freundlich aus. Sein lockiges und seidiges Fell findet viele Bewunderer.

—*CHARAKTER:* Flott ist er draußen unterwegs, mit einer sehr guten Sensorik und der Nase auf dem Boden. Dennoch hat er beste Voraussetzungen, um mit dem Menschen gut zusammenzuarbeiten, da er anhänglich, verschmust, aufmerksam und von Natur aus agil und fröhlich ist.

—*HALTUNG UND PFLEGE:* Halten Sie ein Augenmerk auf den Jäger, v.a., wenn Sie unterwegs sind. Das Fell des Cocker Spaniels benötigt Pflege, speziell seine langen, dicht behaarten Ohren.

▸ SALONFÄHIG ◂

GREYHOUND

—*AUSSEHEN:* Die großen, glatthaarigen Windhunde (23–33 kg) sind stark bemuskelt und in den Farben schwarz, weiß, gestromt, falb und blau einen Blick wert.

—*CHARAKTER:* Trotz viel Temperament ist der windschnittige Greyhound ein anschmiegsamer, sensibler Familienhund, im Haus unauffällig, im Freien mit bis zu 80 km/h aber rasant unterwegs. Trainieren lohnt sich, damit Sie den flotten Flitzer unter Kontrolle behalten!

—*HALTUNG UND PFLEGE:* Familienanschluss ist erwünscht, darum möchte er auch mit im Haus leben. Das sollte aber kein Problem darstellen, denn pflegeleicht ist dieser kurzhaarige Hund allemal.

SCHWEIZER SENNENHUND

—*AUSSEHEN:* Er ist der größte der vier Sennenhundrassen und besticht durch sein kräftiges Äußeres und sein kurzes Fell.

—*CHARAKTER:* Mit seinem ruhigen Gemüt und der entspannten Art gehört er zu den Hunden, die sich gut anpassen. Ein Allrounder, der gerne schmust, nach dem Training aber auch entspannt alleine bleibt. Seiner Familie ist er loyal und treu ergeben.

—*HALTUNG UND PFLEGE:* Im Sommer bevorzugt in Erdkuhlen oder auf kühlen Fliesen anzutreffen, da es ihm schnell zu warm wird. Sein Fell braucht etwas Pflege.

BICHON FRISÉ

—*AUSSEHEN:* Der bezaubernde kleine Franzose (3–5 kg) ist an seinem schneeweißen, lockeren und seidigen Oberfell zu erkennen. Es kann etwa 10 cm lang werden und ist korkenzieherartig gelockt.

—*CHARAKTER:* Ein toller Hund, der gerne Tricks lernt, intelligent und fröhlich ist, aber auch ausdauernd spazieren geht. Der ideale Begleithund! Er liebt es, dabei zu sein und sitzt gerne auf dem Schoß.

—*HALTUNG UND PFLEGE:* Der Bichon Frisé haart nicht und ist damit eine Alternative für Allergiker. Damit er so hübsch und seine Haut unter dem Fell gesund bleibt, braucht er ausgiebige Pflege.

 STADTHALTUNG MÖGLICH   FAMILIENFREUNDLICH

 HÖHERER PFLEGEAUFWAND   BRAUCHT VIEL BESCHÄFTIGUNG

▸ MOST WANTED ◂

GUTE KINDERSTUBE
WOHER KOMMT DER NEUE VIERBEINER?

Früher, als kleines Kind, dachte ich, dass es Hunde vor dem Bäckereingang gibt. Nachdem ich den ersten von dort mit nach Hause gebracht hatte, wurde ich jedoch schnell eines Besseren belehrt und musste ihn wieder abliefern. Aber wo gibt es nun gesunde, glückliche Welpen, und woran erkenne ich seriöse Anbieter?

Der Entschluss ist gefasst – ein Hund muss her, und bitte so schnell wie möglich. Doch wer hat gerade jetzt einen Welpen der gewünschten Rasse abzugeben? Im Zeitalter des Internet kein Problem, sollte man meinen. Und doch heißt es, kühlen Kopf bewahren. Sie haben die Entscheidung für einen Welpen mit Bedacht getroffen, darum sollten Sie auch bei der Anschaffung nichts überstürzen. Immer wieder stößt man auf skrupellose Massenzüchter und Hundehändler. Dem sollten Sie keinesfalls Vorschub leisten!

Ein vertrautes Verhältnis zwischen Mutterhündin und Welpe ist für uns ein sicheres Zeichen dafür, dass es dem Welpen gut geht.

FÄHRTENSUCHE

Gerade bei der Anschaffung eines Rassenhundes wird man zuerst einmal nach einem geeigneten Züchter suchen. Gehört dieser einem Zuchtverband an, so können Sie zum einen sicher sein, dass die Elterntiere bestimmten Rassestandards genügen müssen, zum anderen, dass hier auch entsprechende Voraussetzungen gegeben sind, um Hundenachwuchs bestmöglich aufziehen zu können. Welche Bedingungen das genau sind, darüber informiert Sie die Homepage des jeweiligen Zuchtverbandes. Hier finden Sie auch die Kontaktadressen verschiedener Züchter, optimalerweise ist einer dabei, der in Ihrer Nähe wohnt. Und hat dieser gerade keine Welpen abzugeben, dann nutzen Sie die Wartezeit, und machen Sie sich schon einmal mit der Kinderstube Ihres künftigen Familienmitglieds vertraut.

AUS GUTEM HAUSE

Doch wie sieht er nun aus, der passionierte Hundezüchter? Aufgeschlossen sollte er sein und Ihnen auch ohne konkrete Kaufabsicht Einblick in seine kleine Hundewelt gewähren. Dabei steht er Ihnen nicht nur bereitwillig Rede und Antwort, sondern gibt auch offen Auskunft über Vorzüge und Eigenheiten seiner Vierbeiner. Denn ihm ist wichtig, dass seine Welpen ein Zuhause bekommen, in dem ihre speziellen Veranlagungen und Bedürfnisse Beachtung finden. Kein Wunder also, dass er auch viel über Sie und Ihr Lebensumfeld wissen möchte. Aber Sie haben sich ja gut über die Rassemerkmale Ihres Wunschhundes informiert und Ihren Wunsch nach einem Welpen gründlich überdacht. So sind Sie für das Gespräch gerüstet und können beurteilen, ob der Züchter es ehrlich mit Ihnen meint.

MIT ODER OHNE »PAPIERE«

Der Abstammungsnachweis gibt Informationen zu den Eltern und Großeltern Ihres Welpen, weiterhin zu Titeln, Ergebnissen von Prüfungen und medizinischen Befunden. Zudem finden sich dort Angaben zur Zuchtstätte und zum Zuchtverband. Wichtig ist das nur, falls Sie selbst mit Ihrem Hund züchten wollen, für Ausstellungen und den Hundesport. Über den Charakter oder wie sich Ihr Hund verhält, sagen sie nichts aus. Also entscheiden Sie selbst, wie viel Wert Sie der sogenannten Ahnentafel beimessen.

AUS DEM TIERHEIM

Ein Besuch lohnt sich allemal! Denn auch Tierheime und Tierschutzorganisationen haben immer wieder Welpen abzugeben und sind meist sehr bemüht, ein gutes Zuhause für ihre Schützlinge zu finden. Bevor ein Tier langfristig vermittelt wird, sind darum oftmals Vor- und Nachkontrollen Pflicht. Schließlich liegt es in aller Interesse, dass ein Welpe so wenig wie möglich sein Zuhause wechseln muss.

/// CHECKLISTE ///

MIT GARANTIE

Folgende Punkte sollten Sie vor dem Kauf noch abklären:
- Gibt es einen Kaufvertrag (Gewährleistungsanspruch)?
- Ist der Welpe geimpft und entwurmt? Optimalerweise sollte ein europäischer Impfausweis vorliegen.
- In manchen Bundesländern ist ein Mikrochip Pflicht (unter der Haut auf Höhe der linken Schulter). So kann Ihr Welpe identifiziert werden, falls er mal stiften geht.

DAS MACHT DEN GUTEN ZÜCHTER AUS

1. Die Welpen sind gut untergebracht. Das Umfeld ist sauber, gepflegt und bietet genug Abwechslung und Bewegungsspielraum.

2. Sie können die komplette Hundefamilie sehen. Die Kommunikation zwischen Mutterhündin und Welpen klappt prima!

3. Die Minis sind allesamt gesund und munter. Sie machen einen wohlgenährten Eindruck.

4. Die Welpen wirken »lebensfroh«. Sie sind lebhaft, verspielt und zeigen nicht nur Interesse an ihrer Umgebung, sondern auch an den noch unbekannten Besuchern.

5. Der Züchter geht liebevoll mit den Kleinen um und fördert sie altersgerecht, damit sie schon viele Erfahrungen sammeln können.

6. Er steht Ihnen gerne Rede und Antwort, möchte aber auch viel über Sie erfahren, bevor er Ihnen einen Welpen anvertraut.

WACHSEN DIE WELPEN MIT FAMILIENANSCHLUSS AUF, ZEIGEN SIE MEIST EIN BESONDERS GUTES SOZIALVERHALTEN.

Ein guter Züchter freut sich über Ihr Interesse und zeigt Ihnen auch gerne, wie es hinter den Kulissen aussieht. So können Sie sich einen guten Eindruck davon verschaffen, wie Ihr Welpe in den ersten Lebenswochen aufwächst.

▸ MOST WANTED ◂

SECURITY CHECK
SICHERHEIT FÜR HUND, HAUS UND HOF

Wenn Ihr Welpe erst einmal bei Ihnen einzieht, wird er nicht nur Ihr Leben, sondern auch Ihre Wohnung gründlich auf den Kopf stellen. Hier hilft nur, von Anfang an klare Regeln aufzustellen und unnötige Konfliktpunkte zu vermeiden. Und natürlich muss alles verräumt sein, was den kleinen Rabauken in Gefahr bringen könnte!

LIEBLINGSSTÜCKE

Welpen haben spitze Milchzähne und stellen diese nur zu gerne auf die Probe. Und das müssen sie auch! Die sogenannte Beißhemmung will erlernt sein. Schon beim Spiel mit den Wurfgeschwistern wird schnell klar, wann Schluss mit lustig ist, sei es, weil der Spielkamerad dann keinen Bock mehr hat oder auch mal ungehalten zurückschnappt. Seien Sie gewappnet – Ihr Welpe wird sein neues Zuhause nicht nur mit der Nase, sondern auch mit den Zähnen erforschen! Schuhe, Kuscheltiere, das Spielzeug der Kinder, Deko, Mobiliar und Zimmerpflanzen – gesucht und gefunden. Wem er seine kleinen Zähnchen vorstellt, ist ihm völlig schnuppe, da kommen auch mal wertvolle Designerobjekte oder persönliche Erinnerungsstücke dran. Wohl dem, der Vorsorge getroffen und präventiv »entrümpelt« hat. Denn logischerweise ist es nicht stimmungsfördernd, wenn Ihr Welpe Ihnen mit Ihrem teuren und nun komplett zerkauten Lippenstift entgegenkommt. Und da er Ihre Selbstkontrolle durchaus öfter am Tag auf die Probe stellen kann, ist Stress vorprogrammiert. Besserer Plan: Verräumen Sie, bevor Ihr Welpe kommt, all die Sachen, die für Sie wichtig sind und verschont bleiben sollen. Und wenn er da ist, gewöhnen Sie sich daran, Ordnung zu halten. Vorteil: Sie müssen weniger Kram wegräumen und bleiben entspannt.

DANGER!

Doch suchen Sie Ihre Wohnung nicht nur auf Ihre Lieblingsstücke hin ab, sondern achten Sie zudem auf Dinge, die Ihrem Mini gefährlich werden könnten. Auch Hundekinder nehmen alles ins Maul und können dabei schon mal das eine oder andere Teil verschlucken. Spitze Gegenstände wie Heftklammern, Nadeln, Schrauben oder Nägel bergen

Safety first! Egal, welch süßer Schnappschuss Ihnen gelingt – prüfen Sie immer, ob Ihr Welpe sich an dem Gegenstand seiner Wahl verletzen könnte. Dann wäre Ihr Eingreifen dringend erforderlich.

► SECURITY CHECK ◄

große Gefahr von inneren Verletzungen, bei kleinen Bällen, Schnullern oder Kinderspielzeug kann es passieren, dass diese zwar den Weg in Magen und Darm finden, aber nicht wieder heraus. Und dass Medikamente, Reinigungsmittel, Farben und Lacke außer Reichweite des Hundes aufbewahrt werden müssen, ist ja sowieso jedem klar. Eine etwas heiklere Sache sind Giftpflanzen, die in Haus und Garten wachsen und gedeihen (→ *Info rechts*). Es muss ja nicht gleich die Tollkirsche sein, einem Hund können schon Weihnachtsstern und Alpenveilchen auf der Fensterbank und Becherprimel und Buchsbaum im Gartenbeet gefährlich werden. Verschaffen Sie sich einen Überblick! Besser Sie sorgen vor, dass diese Pflanzen für den Welpen unerreichbar oder gut gesichert sind. Und hätten Sie gewusst, dass für Hunde auch Schokolade giftig ist?

/// TIPP ///

Wie Sie Ihren Welpen daran hindern können, die Blumenerde aus dem Topf zu buddeln? Ganz einfach – mit einer alten Damenstrumpfhose. Hiervon einfach das letzte Beinviertel abschneiden, den Blumentopf hineinstecken und den Strumpf am Ansatz der Pflanze zusammenknoten.

VERNETZT

Computer, Home-Entertainment, Raumillumination und Haushaltsgeräte – keine Frage, wir sind verkabelt. Für Welpen bieten moderne Wohnungen daher jede Menge Knabberspaß. Es sei denn, wir haben die Kabel vorher eins höher gelegt oder hinter Fußbodenleisten bzw. in Kabelschächten versteckt. Damit müssen Sie Ihren Welpen beim gemeinsamen Fernsehabend nicht ständig im Auge behalten und »stehen deutlich weniger unter Strom«.

HALS- UND BEINBRUCH

Häufiges Treppensteigen schadet Knochen und Gelenken des Welpen. Außerdem besteht Sturzgefahr. Sperren und Schutzgitter sorgen für Abhilfe und sichern auch Balkone ab. Und ist der Gartenzaun auch wirklich ausbruchsicher?

VORSICHT, DAS IST GIFTIG!

1. Von diesen Zimmerpflanzen sollte Ihr Welpe besser nicht kosten: Aralie, Azalee, Begonie, Birkenfeige, Christusdorn, Einblatt, Flammendes Käthchen, Flamingoblume, Goldtrompete, Gummibaum, Klivie, Korallenbeere, Philodendron, Yucca, Zimmercalla

2. Zu den stark giftigen Zimmerpflanzen zählen Alpenveilchen, Amaryllis, Becherprimel, Dieffenbachie, Korallenbäumchen, Prachtlilie, Wüstenrose, Wunderstrauch

3. Im Garten können Ihrem Welpen folgende Stauden und Sträucher gefährlich werden: Adlerfarn, Adonisröschen, Alraune, Aronstab, Besenginster, Bilsenkraut, Blauregen, Braunwurz, Buchsbaum, Christrose, Eberesche (Vogelbeere), Eibe, Feuerdorn (Beeren), Fingerhut, Ginster, Goldregen, Herbstzeitlose, Herkulesstaude, Jakobs-Kreuzkraut, Kastanie (Frucht), Kirschlorbeer, Knallerbsenstrauch (Beeren), Kolbenfaden, Lupine, Maiglöckchen, Mistel, Nachtschattengewächse, Nieswurz, Oleander, Pfaffenhütchen, Rhododendron, Rittersporn, Stechpalme, Thuja, Wasserfenchel, Wurmfarn, Zaunrübe.

4. Die giftigsten Wildpflanzen in Europa sind: Eisenhut, Rizinus, (gefleckter) Schierling, Seidelbast, Stechapfel, Tollkirsche und Wasserschierling. Bitte bleiben Sie wachsam!

Giftige Pflanzen in Haus und Garten können Ihrem neugierigen Welpen durchaus gefährlich werden. Das heißt nicht, dass Sie sich von allen lieb gewordenen Pflanzen trennen müssen, doch sollten Sie diese in jedem Fall gut sichern!

▸ MOST WANTED ◂

MUST-HAVES

DAS STARTERPAKET FÜR WELPEN

Shopping für den Hund! Mal ehrlich – welcher angehende Hundehalter würde sich darauf nicht ganz besonders freuen? Der Welpe benötigt schließlich eine vernünftige Ausstattung! Was er wirklich braucht? Nicht so viel, wie uns der Fachhandel vorgaukelt.

TAFELSERVICE

Robust, standfest, lebensmittelecht und leicht zu reinigen – das sind die wesentlichen Ansprüche an Futter- und Wassernapf. Ansonsten ist erlaubt, was gefällt, der Markt gibt alles her!

SPA RESORTS

Welpen bevorzugen unterschiedliche Rückzugsorte. Die einen sind eher der Körbchen-Typ, aber bitte mit Rand zum Kopfablegen. Andere lieben ein Decken- und Kissenparadies, manche den harten Untergrund. In jedem Fall muss der Ruheplatz groß genug sein, dass auch der erwachsene Hund alle viere von sich strecken kann. Waschbare Textilien sorgen für die nötige Hygiene.

ENTERTAINMENT

Spielen macht Spaß, aber auch fit. Halten Sie darum Spielzeug für den Welpen parat, am besten aus Hartgummi und so groß, dass er sich nicht verschlucken kann (→ Spielsachen, Seite 120).

LECKERCHEN

Ob Zeichen der Zuneigung oder verdiente Belohnung, ohne Leckerchen geht es nicht! Klein und schnell abzuschlucken sind sie für das Hundetraining bestens geeignet. Ansonsten lohnt es auf Qualität zu achten, Zucker gehört nicht in Hundekekse!

▶ MUST HAVES ◀

HALSBAND

Das ideale Halsband ist mindestens zwei Halswirbel breit und gepolstert, rundgenähte Varianten schnüren punktuell ein. Den Welpen nehmen Sie am besten zur Anprobe mit: Sobald zwei Finger locker zwischen Halsband und Hundehals passen, ist der Sitz perfekt, und das Ganze rutscht nicht über die Ohren.

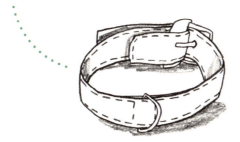

VERSCHLUSSSACHE

Damit sich Hund auf Reisen wohlfühlt, sollte er in der Transportbox stehen, sich drehen und wenden können. Und akzeptieren, dass diese gut verschlossen ist – das setzt eine positive Gewöhnung voraus.

BRUSTGESCHIRR

Ideal für Youngster, die noch an der Leine ziehen! Liegt nach dem Einhaken der Leine das vordere Gurtband dem Brustbein an und das hintere vor den letzten drei Rippen, dann passt's und schnürt weder Hals noch Bauch ein.

LEINE

Gut gesichert: Mit einer Führleine von ca. 1,80 m Länge haben Sie Ihren Welpen in der Öffentlichkeit immer unter Kontrolle. Am besten geeignet sind solche, die sich mithilfe eines zweiten Karabiners und mehreren Metallringen in der Länge verstellen lassen. Allerdings sollte die Leine nicht zu schwer für Ihren Mini sein.

SELBER MACHEN

HUNDEDECKE

Es macht Spaß für den Hund einzukaufen! Noch ein bisschen schöner ist es, selbst kreativ zu werden. Warum also nicht selbst eine Hundedecke nähen? Das geht ganz einfach, dauert nicht allzu lange und hilft, die Wartezeit auf den Welpen zu versüßen.

SIE BRAUCHEN:

2 verschiedene Stoffe Ihrer Wahl, Größe 100 × 160 cm zuzüglich 1 cm Nahtzugabe an jedem Rand | strapazierfähiges Nähgarn | Volumenfließ, Größe 100 × 160 cm (keine Nahtzugabe) | Nähmaschine | Stecknadeln | Stoffschere

1 Schneiden Sie beide Stoffe auf die angegebene Größe inklusive Nahtzugabe zurecht. Dann rechts auf rechts aufeinanderlegen. Das bedeutet, dass die schönen Seiten, die anschließend zu sehen sein sollen, einander zugewendet sind. Liegen die Stoffstücke Ecke auf Ecke, können Sie beide mit Stecknadeln fixieren, damit nichts verrutscht.

2 Nun ist Ihre Nähmaschine gefragt. Nähen Sie die Stofflagen entlang der Außenkanten mit einem Geradstich zusammen, und sparen Sie dabei an einer der kurzen Seiten eine Wendeöffnung von ca. 20 cm aus (→ Bild 1). Die überschüssige Nahtzugaben vorsichtig abschneiden.

3 Wenden Sie Ihre Hundedecke über die verbliebene Öffnung. Nun das Volumenfließ passend zuschneiden und hineinstecken. Achten Sie darauf, dass sich das Innenmaterial gleichmäßig verteilt und die Ecken in denen der Decke zu liegen kommen; Falten sind unbequem.

4 Anschließend schlagen Sie die Stoffkanten an der Wendeöffnung um etwa 1 cm nach innen ein und fixieren diese mit Stecknadeln, dann den Rand absteppen.

5 Zum Schluss kommt noch der kleine Clou: Steppen Sie rund um die Hundedecke einen Rand von ca. 2 cm ab. Erstens sieht das hübsch aus, zweitens wird so der Innenteil mit der Außendecke verbunden und nichts verrutscht.

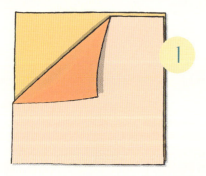

TIPP

Wählen Sie feste Stoffe, die bei mind. 60° C waschbar sind und die eine oder andere einbohrende Kralle verkraften. Als Inlet können Sie eine alte Bettdecke nutzen.

HUND UND RECHT
MIETRECHT, HAFTPFLICHT UND MEHR

Damit Ihr Welpe nicht nur bei Ihnen, sondern auch bei Ihrem Vermieter und den Nachbarn gut ankommt, lohnt es, vorab etwas »Öffentlichkeitsarbeit« zu leisten. Zudem gibt es in Deutschland einige gesetzliche Bestimmungen, die die Haltung von Hunden regeln. Was demnach zu Ihren Aufgaben gehört, erfahren Sie auf dieser Seite.

BUND
Laut Tierschutzgesetz des Bundes sind Hunde Mitgeschöpfe, deren Leben zu schützen ist und denen grundlos kein Leid zugefügt werden darf. Als Halter haben Sie für eine angemessene Ernährung, Pflege und Unterbringung zu sorgen und sich die nötige Sachkunde anzueignen.

LÄNDER
Verordnungen zur Haltung von Hunden sind Ländersache und fallen demgemäß unterschiedlich aus. Informieren Sie sich, ob in Ihrem Bundesland die Kennzeichnung des Hundes mittels Mikrochip Vorschrift ist und ob Sie eine Haftpflichtversicherung in bestimmter Höhe abschließen müssen. Grundsätzlich ist diese aber für jeden Hundehalter zu empfehlen. Achten Sie dabei auch auf das Kleingedruckte. Möchten Sie Ihren Hund in der Öffentlichkeit ohne Leine laufen lassen, sollte dies mitversichert sein. Das ist nicht immer gegeben. Begleitet er Sie ins Büro, so gilt es abzuklären, ob er auch hier im Schadensfall versichert ist.

KOMMUNEN
Die Hundesteuer ist Einnahmequelle der Kommunen und kann je nach Region zwischen 20 bis 100 € pro Jahr betragen. Die Kosten für den Zweithund liegen deutlich höher. Mit Hundeführerschein gibt's oftmals eine Ermäßigung.

MIETVERTRAG
Prüfen Sie Ihren Mietvertrag, ob eine Hundehaltung ausgeschlossen wurde. Wenn nicht, steht einer Anschaffung nichts im Weg. Allerdings freuen sich alle Beteiligten, wenn sie über den Neuzugang informiert werden. Stellen Sie frühzeitig die Weichen für ein freundliches Miteinander!

Manchmal »sticht den Welpen einfach der Hafer«. Deshalb ist es prima, wenn Sie eine gute Haftpflichtversicherung abgeschlossen haben. Passieren kann immer mal was ...

TEAMGEIST

SO KLAPPT'S ZWISCHEN MENSCH UND HUND

Endlich ist es so weit – ein Welpe kommt ins Haus! Vielleicht wird nicht alles gleich so laufen wie erträumt, Geduld und Verständnis sind gefragt. Aber Sie haben den Youngster ja schon längst ins Herz geschlossen!

▸ AUF ZU NEUEN UFERN ◂

AUF ZU NEUEN UFERN
REISE IN EIN NEUES LEBEN

Den Hundekorb haben Sie schon zigmal an die richtige Stelle gerückt, Futter- und Wassernapf warten nur darauf, endlich eingeweiht zu werden – alles ist bereit. Herz und Türen stehen dem Neuankömmling offen. Doch was für Sie zu Hause ist, bedeutet für Ihren Welpen zunächst einmal eine völlig fremde Welt.

ZWEI VERSCHIEDENE WELTEN

Klar, dass Sie aufgeregt sind. Schließlich haben Sie lange auf diesen ganz besonderen Tag gewartet. Nur, Ihr Welpe weiß davon nichts, auch nicht, dass Sie sein ganzes Leben lang für ihn da sein möchten. Er lebt nur in der Gegenwart und orientiert sich an den Gegebenheiten des Augenblicks. Und da stehen gerade einschneidende Ereignisse bevor. Von jetzt auf gleich soll er von seiner Mutter und seinen Geschwistern getrennt werden und alles zurücklassen, was ihm vertraut ist. Stellen Sie sich vor, Sie gehen abends ins Bett und wachen morgens in China auf – fremd, ohne Geborgenheitsreize und ohne zu wissen, wie sie dorthin gekommen sind; und dann sprechen auch noch alle Chinesisch. So in etwa fühlt sich Ihr Welpe, wenn er zu Ihnen kommt. Aber Sie können es ihm leichter machen!

SCHNUPPERKONTAKT

Der Aufbruch in ein neues Lebensumfeld fällt bedeutend weniger schwer an der Seite eines Menschen, der einem nicht mehr völlig fremd ist. Darum nutzen Sie die Wartezeit bis zur Abholung, und besuchen Sie den Kleinen so oft wie möglich, um sich schon einmal mit ihm bekannt zu machen. Ein paar Wochen vor dem Umzug bringen Sie ihm dann ein T-Shirt von sich mit, und zwar ein getragenes! So werden ihm Ihre Gerüche noch in der Wurfbox vertraut. Bei der Abholung nehmen Sie es wieder mit nach Hause und überlassen es ihm dort als »Schnüffeltuch«.

DER GROSSE TAG

Nehmen Sie sich Zeit, wenn Sie Ihren Welpen vom Züchter abholen. Das ist Ihr gemeinsamer Tag! Ihr Welpe sollte in Ruhe ankommen dürfen. Starten Sie am besten gleich

Zwischen den Beinen von Frauchen oder Herrchen ist man sicher. Das wird Ihr kleiner Welpe schnell herausfinden. Geben Sie ihm den Schutz, den er sucht und braucht.

Zeit füreinander: Mit liebevoller Ansprache und sanftem Körperkontakt vermitteln Sie Ihrem Welpen inmitten der neuen Umgebung Geborgenheit.

morgens, damit der Kleine sein neues Zuhause vor dem Dunkelwerden noch etwas erkunden kann. Wahrscheinlich holen Sie Ihren Welpen mit dem Auto ab. Chauffeur gesucht! Organisieren Sie zur Abholung einen Fahrer, so können Sie auf Ihren Welpen achten. Es ist sinnvoll, ihn direkt an den Platz zu gewöhnen, an dem er auch als ausgewachsener Hund im Auto mitfährt; eine Decke macht's ihm gemütlicher. In jedem Fall muss er gut gesichert sein, auch wenn es auf Ihrem Schoß schöner wäre. Stellen Sie sich darauf ein, dass er reisekrank werden könnte. Ein paar Küchentücher in Reichweite schaden also nicht. Falls er sich übergibt, wischen Sie alles ohne große Worte weg. Keinesfalls schimpfen, war ja schließlich keine Absicht!

ENDLICH DAHEIM

Zuhause angekommen, tragen Sie ihn vorsichtig aus dem Auto ins Haus. Stützen Sie ihn dabei unter dem Hinterteil ab, sodass die Beine nicht baumeln. Seine Gelenke und Knochen werden es Ihnen danken. Und passen Sie gut auf, dass er nicht bei allem Umzugsstress versucht, auszubüxen!

/// CHECKLISTE ///

DIE ERSTEN TO DO'S

Natürlich soll Ihr Welpe sein neues Umfeld möglichst entspannt kennenlernen. So können Sie dazu beitragen:

◉ Nehmen Sie Schnüffeltuch und Decke aus dem Auto mit, und rein damit ins Körbchen! Schon wird's dort heimeliger!

◉ Setzen Sie Ihren Welpen in der Wohnung ab. In den ersten Stunden reicht es, wenn er nur einen Raum erkunden darf. Dort lassen Sie ihn alles in Ruhe beschnuppern. Genießen Sie es, ihn dabei zu beobachten. Am besten sitzen Sie dabei auf dem Boden, so kann er Sie gut erreichen.

◉ Loben Sie ihn freudig, wenn er Sie ansieht. Noch sucht er den Blickkontakt, denn Sie sind das einzig Bekannte in der fremden Umgebung. Es ist wichtig, dass er sich an Ihnen orientiert. Ihre positive Reaktion bestärkt ihn darin.

◉ Schon müde? Gönnen Sie Ihrem Welpen die wohlverdiente Auszeit. Er nutzt sie nicht nur zum Erholen und Kraftauftanken, sondern verarbeitet auch bereits Erlebtes.

◉ Nach dem ersten Schnupperkurs verhalten Sie sich wieder wie gewohnt. So lernt der Youngster Ihre Gepflogenheiten am schnellsten kennen und kann sich einordnen.

STEP BY STEP

MITEINANDER WARM WERDEN

Fühlt er sich heimisch, wird Welpe zunehmend aktiv. Dann können Sie gerne in Interaktion mit ihm treten. Bevor Sie jedoch die ersten Grundsignale trainieren, empfehlen wir eine kleine Vertrauensübung. So lernt er Ihre freundliche Art schätzen!

Bei dem einen geht es schneller, bei dem anderen langsamer – das hängt davon ab, wie aufgeschlossen Ihr Welpe ist und wie gut er Sie von der Wurfkiste an kennenlernen durfte.

Setzen Sie sich zu Ihrem Welpen auf den Boden, so entspannt wie möglich, damit Sie es auch länger in dieser Position aushalten können. Nehmen Sie kleine Leckerchen oder Spielzeug in die Hand. Dann locken Sie ihn mit freundlichen Worten, oder schnalzen Sie. Kommt er angelaufen, öffnen Sie Ihre Hand und lassen ihn ein Leckerchen daraus fressen. Das hat ein dickes Lob verdient. Reagiert Ihr Little erst mal skeptisch, bleiben Sie ruhig und gelassen. Locken Sie ihn fröhlich weiter zu sich. Er wird sicher bald kommen.

Wichtig: An dieser Stelle wird bewusst noch kein Signal eingeführt (z. B. »Nimm«). Das folgt später. Hier lernt Ihr Welpe erst einmal nur: Frauchen und Herrchen sind toll, die Hand ist gut, und Leckerchen bekomme ich auch. Das reicht für den ersten oder zweiten Tag vollkommen aus!

Bleiben Sie entspannt: Ihr Welpe soll selbst entscheiden, ob er zu Ihnen kommen und das Leckerchen begutachten will.

Wenn Sie Ruhe, Gelassenheit und gute Laune ausstrahlen, wird auch bei kleinen Skeptikern schon bald die Neugier siegen.

Das Eis ist gebrochen! Hat Ihr Welpe erst einmal Vertrauen zu Ihnen gefasst, wird er von nun an nicht nur das Leckerchen, sondern auch Ihre positive Nähe genießen.

▸ TEAMGEIST ◂

CHARAKTERKÖPFE
WELPE IST NICHT GLEICH WELPE

Auch innerhalb der Hunderassen gibt es charakterlich unterschiedliche Typen. Schließlich ist das Verhalten eines Hundes nicht allein angeboren, sondern auch von vielen individuellen Faktoren abhängig. Und als Welpe lernt man ja jeden Tag etwas dazu! Und dennoch lassen sich bestimmte Verhaltensmuster differenzieren.

Ihr Welpe ist einzigartig und individuell. Charaktereigenschaften sind nicht zu pauschalisieren.

DER MUTIGE

Manche Hunde wollen es von Anfang an wissen, kein Hindernis ist zu hoch, kein Graben zu breit. Welpen, die mit einer »gesunden Neugier« gesegnet sind, stürzen sich mutig in ihr neues Lebensumfeld, lassen sich aber auch nur ungern in ihrem Erkundungsverhalten einschränken. Also bleiben Sie gewappnet! Rechnen Sie immer mit der Kreativität Ihres Vierbeiners und damit, dass Sie ihm auch manchmal aus der Patsche helfen müssen. Lernt er stressfrei seine Umwelt kennen, hat er allerdings beste Voraussetzungen, sein Leben souverän zu meistern!

Was sich »der Mutige« wünscht: einen Hundehalter, der zusammen mit ihm die Welt erkundet und gelassen reagiert. Dennoch sollten Sie ihm Halt geben und zeigen, dass Sie derjenige sind, der eventuelle Konflikte regelt. Andernfalls wird er seine Probleme auf eigene Weise lösen …

DER ÄNGSTLICHE

Es gibt Hunde, die beobachten den Alltag lieber aus einer zurückgezogenen Position und begegnen ihrer Umwelt mit Vorsicht. Angst schützt – etwa vor Verletzungen. Für Sie nicht immer leicht nachzuvollziehen – aber woher soll der Welpe wissen, dass Mülltonnen nicht beißen?

Was sich »der Ängstliche« wünscht: Unterstützen Sie den Welpen dabei, seine Umwelt entspannt kennenzulernen. Lassen Sie sich auf sein Tempo ein, und bleiben Sie geduldig. Mit angemessener Interaktion und passender Motivation kann auch ein schüchterner Hund Freude daran finden, mit Ihnen zusammenzuarbeiten und gemeinsam Herausforderungen zu bestehen. Der Weg lohnt sich!

DIE DIVA

Manche Hunde zeigen in bestimmten Situationen gewisse »Starallüren«. So nennen es zumindest die Besitzer, wenn ihr Hund nicht das umsetzt, was gerade angesagt ist. Mal verschmäht er die Belohnung, mal weigert er sich, bei der Übung, die gestern noch riesig Spaß machte, mitzuwirken. Je nach Situation lässt Hund sich dann mehrfach bitten.

Was sich »die Diva« wünscht: Forschen Sie nach der Ursache, warum Ihr Hund sich so verhält. Von gesunder, physiologischer Reaktion (lustlos, desinteressiert) bis hin zu einer Verhaltensauffälligkeit kommt alles infrage. So eine Diva bringt einen manchmal zur Weißglut – doch bleiben Sie gelassen. Hier hilft nur konsequentes Training, möglicherweise auch mit Hundetrainer. Er kann Sie beraten, wie Sie besser an Ihre »Diva« herankommen.

CHARAKTERKÖPFE

/// INFO ///

Oft hält sich noch das Ammenmärchen, dass Angst durch Aufmerksamkeit unbewusst bestätigt werden kann und man den Hund daher besser nicht beachten soll. Dem ist nicht so! Seien Sie für Ihren Welpen da, und geben Sie ihm Halt! Stellen Sie sich vor, Ihre Tochter steht nachts weinend an Ihrem Bett und erzählt von Ihrer Furcht vor Einbrechern, und Sie reagieren nicht – das ist nicht wirklich hilfreich! Unterstützen Sie jedoch durch Präsenz und mit einem Plan, indem Sie beispielsweise das Licht anmachen und gemeinsam die Wohnung inspizieren, fühlt sich das doch gleich viel besser an, oder?

Neurobiologisch ist es nicht möglich, Angst zu verstärken, sofern man etwas Gutes hinzufügt. Im Klartext: Ihr Welpe darf Ihre Zuwendung keinesfalls als bedrohlich empfinden. Reagieren Sie also nicht mit Ungeduld, wenn er sich Ihrer Meinung nach vor einer Banalität erschreckt. Bleiben Sie vielmehr ruhig und gelassen, und erkunden Sie gemeinsam mit ihm das furchteinflößende Objekt. Vermeiden Sie dabei, beruhigend auf Ihren Welpen einzureden, das würde ihm erst recht das Gefühl geben, dass an dieser Sache etwas faul ist. Überzeugen Sie ihn lieber durch Ihre Körpersprache. Indem Sie sich entspannt und ohne jegliche Aufregung für das Objekt interessieren, signalisieren Sie Ihrem Welpen, dass die Situation völlig ungefährlich ist. Das gibt ihm Mut, sich das Ganze auch mal näher zu betrachten.

Ob groß oder klein – einen gewissen Grad an Sturkopf bringen alle Welpen das eine oder andere Mal mit. Bleiben Sie ruhig, und nehmen Sie es mit Humor!

Umgekehrt wird auch Ihr Welpe schnell herausfinden, was Sie für ein Typ sind. Beobachten Sie, wie er auf Sie und wie er auf Ihren Partner reagiert!

DER SCHATTEN

Manche Hunde folgen ihrem Menschen auf Schritt und Tritt. Das kann sehr nett sein – dennoch wünscht sich der Halter oft etwas anderes. Ein »Kollateralschaden« könnte nämlich sein, dass diese Hunde ungerne alleine bleiben.

Was sich »der Schatten« wünscht: Für eine geglückte Mensch-Hund-Beziehung ist der Mittelweg von Nähe und Distanz wünschenswert. Bringen Sie Ihrem Welpen bei, dass es für ihn Zeiten gibt, in denen er auch ohne Sie sicher ist. Tolle Übung dafür: das aktive Ignorieren (→ *Seite 57*). Wenn er begreift, dass auch Auszeiten entspannt sein können, leidet er nicht unter Ihrer Abwesenheit. Übrigens: Fangen Sie ruhig schon ein paar Tage nach seinem Einzug mit dem Alleinsein-Training an. Anfangs natürlich nur für ein paar Sekunden! Aber mal alleine zum Briefkasten oder zum Waschen in den Keller gehen, das darf schon drin sein.

▶ TEAMGEIST ◀

DIE ERSTEN TAGE

AUF GUTE PARTNERSCHAFT

Ständig unter Strom! So könnten Sie sich die ersten Tage über fühlen. Auf der einen Seite die Euphorie angesichts Ihres tapsigen neuen Familienmitglieds, auf der anderen der übergroße Wunsch, auch ja alles richtig zu machen, damit es dem kleinen Kerl an nichts fehlt. Doch bleiben Sie gelassen: Mit diesen Tipps für Sie und Ihren Hund wird es laufen.

Nach seinem Umzug muss Ihr Welpe lernen, sich in eine für ihn neue und ungewohnte soziale Gruppe zu integrieren, und welches Verhalten notwendig ist, damit dies gelingt. An seiner Mutter kann er sich nun nicht mehr orientieren, darum braucht er Sie als souveränen Partner!

Öffnen Sie Ihrem Welpen Tür und Tor – und vor allem Ihr Herz. Ob Sie neben Ihrem Leben auch Ihr Bett mit ihm teilen wollen, bestimmen Sie. Tabuzonen sind erlaubt!

FÜHRUNGSQUALITÄTEN

Hunde kommen nicht auf die Welt und wollen diese regieren. Sie fühlen sich am wohlsten, wenn sie um ihre soziale Stellung wissen. Dabei geht es nicht um Rangordnung, sondern dass Ihr Welpe eine Art Leader-Typ braucht, der ihm zeigt, wo es langgeht und bei dem er sich sicher aufgehoben weiß. Das Persönlichkeitsprofil für diesen Job?

◈ Sie sind ein souveräner Partner. Als solcher beschützen Sie Ihren Welpen, wenn's brenzlig wird, sei es beim Zusammentreffen mit Artgenossen oder gegenüber anderen Zweibeinern, die seiner Meinung nach zu aufdringlich werden. Auch heikle Situationen meistern Sie ruhig und gelassen.

◈ Auf Sie ist Verlass. Welpen brauchen anfangs vier bis fünf Mahlzeiten täglich. In kleineren Portionen und kürzeren Abständen genossen, ist die Futterration für sie besser bekömmlich. Regelmäßige Fütterungszeiten und ein geordneter Tagesablauf vermitteln zudem Ihrem Welpen in den ersten Wochen ein Gefühl von Sicherheit. Später können Sie die Zügel auch wieder lockerer lassen.

◈ Sie bestehen konsequent auf die Einhaltung bestimmter Regeln und dass Ihr Welpe oder Junghund bereits erlernte Verhaltensweisen auf Ihr Zeichen auch sicher ausführt. So bieten Sie ihm einen klaren Orientierungsrahmen.

DIE ERSTEN TAGE

• Sie sind gerecht und zeigen gegenüber Ihrem Welpen ein berechenbares Verhalten, ganz gleich, wie Sie an diesem Tag drauf sind. Eine der wichtigsten Voraussetzungen dafür, dass er zu Ihnen Vertrauen fassen kann.

SENSIBLE ANTENNEN

Wenn Sie Ihren Welpen mit acht bis zehn Wochen übernehmen, steckt er noch mitten in der sogenannten sozial sensiblen Phase (→ *Seite 66*). Diese dauert von der dritten bis maximal zur 20. Lebenswoche. Alle Erfahrungen und Erlebnisse werden besonders intensiv gespeichert, positive wie negative. Stellen Sie in dieser wichtigen Phase die Weichen dafür, dass sich Ihr Welpe zu einem selbstsicheren, gelassenen und gesellschaftsfähigen Hund entwickeln kann. Je abwechslungsreicher das Umfeld ist, in dem er aufwächst, desto besser lernt er, sich verschiedenen Gegebenheiten anzupassen und sein Verhalten auf die jeweilige Situation abzustimmen. Unabdingbare Voraussetzung dafür ist, dass er sich seine Welt langsam und sicher erobern kann, ohne Stress und mit Ihnen an seiner Seite.

IM ENTSPANNUNGSMODUS

Welpen und junge Hunde brauchen ausgiebige Ruhepausen, um ihre Erlebnisse angemessen verarbeiten zu können. Dies sollten Sie im Hinterkopf behalten, damit das Aktivprogramm Ihren Youngster nicht überfordert. Zu viel Druck macht Stress, und wer wüsste nicht besser als wir Zweibeiner, dass man davon nervös, fahrig und sogar krank werden kann? Darum ein kleiner Tipp: Beobachten Sie den Welpen vor und nach seinen Aktivitäten. Woran erkennt man, dass er müde wird, und wie schnell geht das? So können Sie besser abschätzen, wann wieder Pause angesagt ist. Allerdings sollten Sie Ihren Mini auch nicht »in Watte packen«. Vielmehr ist es wichtig, dass er alles Neue entspannt und ohne Angst erforschen kann. Wie viel Unterstützung er dabei von Ihnen braucht, ist Typsache (→ *Seite 40*). Stellen Sie sich beispielsweise vor, Sie würden die ganze Welpenzeit über auf den Gebrauch Ihres Staubsaugers verzichten, nur um ihn nicht unnötig zu ängstigen. Wie sehr muss er erschrecken, wenn Sie das Ungetüm nach Ablauf der Frist »urplötzlich« aus der Abstellkammer holen und

AM MEISTEN ÄRGERT MAN SICH SELBST

Diese »bösen« Tage gibt es ja auch, an denen man seine eigene schlechte Laune an dem Partner auslässt, den man am meisten liebt und eigentlich schützen möchte. Aber genau der bekommt die volle Packung ab. Und so habe auch ich mich schon das eine oder andere Mal ertappt, wie ich ungeduldig im Hundetraining wurde. Missgelaunt habe ich die Übung beendet, da ich – in diesem Augenblick - dachte, dass der Hund total stur ist und mich sowieso nur ärgern will ... Nachdem ich mich etwas entspannt hatte, realisierte ich, dass ich diejenige war, die den Hund durch eigene Sturheit überfordert hatte. Darüber ärgerte ich mich noch mehr! Meine Trainerin erklärte mir, dass das so nichts bringe und ich künftig die Anzeichen erkennen und den Hund positiv aus dem Training schicken solle. Und ich müsse mich nicht über mich aufregen. Auch ich dürfe mal schlechte Laune haben. Das geht vorbei, und dann wird trainiert! So würde das viel besser klappen, und die Stresszeiten wären, wie von Zauberhand, kürzer. Auch könne ich mich selbst durch ein »Error-Wort« triggern. Dieses soll mich daran erinnern, dass bei Missstimmung ein Trainingsabbruch erforderlich ist, nicht ohne den Hund vorher positiv aus der Übung zu entlassen.

Tatjana Tresselt ist stolze Hundehalterin von Polly. Beide sind ein eingespieltes Team – in guten und in schlechten Zeiten. Sie lernen viel voneinander.

> HUNDE HABEN ALLE GUTEN EIGENSCHAFTEN DER MENSCHEN, OHNE GLEICHZEITIG IHRE FEHLER ZU BESITZEN.
> (FRIEDRICH DER GROSSE)

Freuen Sie sich darüber, wenn Ihr Welpe neugierig seine Welt erkundet. Sie werden feststellen, wie viel Spaß er daran hat und wie er dabei lernt. Es lohnt sich, solche Momente mit der Videokamera festzuhalten, für Sie zur Erinnerung!

anschmeißen? Da ist es doch besser, den Haushaltshelfer bereits in den ersten Tagen nach Ankunft des Welpen in das Wohnzimmer zu schieben und darauf Leckerchen zu präsentieren – im ausgeschalteten Zustand, versteht sich. Am nächsten Tag können Sie dann schon mal das Kabel rausziehen und »das Ding« ein bisschen bewegen. So kann sich Ihr Welpe schrittweise an den Helden gewöhnen, der künftig seine Haare aus der Wohnung entfernen wird.

AUFS LEBEN VORBEREITEN

Sozialisation und Habituation sind die Zauberworte – ein Hund muss seine belebte und unbelebte Umwelt kennenlernen, damit er sich später den Menschen und seinem Umfeld gegenüber vertrauensvoll und zuverlässig verhält. Den Grundstein hierfür hat hoffentlich schon der Züchter gelegt und Ihrem Welpen nicht nur eine abwechslungsreiche Umgebung und die Möglichkeit zum Herumtoben geboten, sondern ihm auch positive Kontakte zu verschiedenen Menschen ermöglicht. Jetzt sind Sie an der Reihe. Auch hier die Devise: Fordern, aber nicht überfordern! Selbst wenn sämtliche Bekannten nur so darauf brennen, den Neuzugang in Augenschein zu nehmen – in den ersten Tagen sollten Sie dem Kleinen erst einmal Zeit lassen, seine neue Familie kennenzulernen. Dann können Sie seine sozialen Kontakte langsam ausbauen. Ob klein oder groß, ob mit Krücke oder Rollator, je vielfältiger die Palette an Zweibeinern ist, die er angstfrei »beschnuppern« kann, desto aufgeschlossener und gelassener wird er künftig auf Begegnungen mit fremden Menschen reagieren. Belebte Umwelt? Da gehört natürlich auch der Kontakt zu anderen Tieren dazu. Neben tierischen Hausgenossen (→ *Seite 52*) können das auch Pferd, Rind und Schaf sein, an deren Weide Sie zusammen vorbeispazieren. Auch der Besuch einer gut geführten Welpenschule bringt viele Vorteile.

DEN HORIZONT ERWEITERN

Führen Sie den Welpen anfangs jedoch nicht zu weit von Ihrem Zuhause weg. Schließlich soll er ja erst einmal bei Ihnen heimisch werden. Hat er dann nicht nur den Staubsauger, sondern Ihre ganze Wohnung und vielleicht sogar den Garten ausgiebig erkundet, können Sie den Radius allmählich weiter ausdehnen. Spaziergänge in der Natur sind eine prima Gelegenheit, um in stressfreier Umgebung viele interessante Dinge kennenzulernen. Ganz nebenbei werden Motorik und Selbstsicherheit gefördert und die Muskulatur gestärkt. Doch auch ein Stadtspaziergang hat seine Reize, muss ja nicht gerade zur Rushhour sein. Von einer Parkbank aus und sicher an Ihrer Seite kann Hund das Leben und Treiben in Ruhe beobachten und erste Erfahrungen im urbanen Umfeld sammeln – denn auch das gehört dazu!

STÄNDIG AUF ACHSE?

Erkundungsspaziergänge sind eine prima Sache, doch natürlich müssen sie den kurzen Welpenbeinen angepasst sein. Es gibt eine Faustregel, die besagt, dass man pro Lebensmonat ca. 5 Minuten Gassigehen sollte. Hierzu ein Tipp: Unterschiedliche Hunde haben unterschiedliche Bedürfnisse. Verlassen Sie sich also auf Ihr Bauchgefühl. Sie werden bald merken, welches Kaliber Ihr Welpe ist und wie viele neue Erlebnisse Sie ihm zumuten können.

LIFE-DOG-BALANCE

Sie sehen schon: Als Hundehalter geben Sie den Rahmen vor und übernehmen die Verantwortung für Ihren Welpen und sein Handeln. Darum sollten Sie auch ein bisschen an sich selbst denken. Halten Sie sich immer vor Augen, dass Ihr Hund eine Bereicherung in Ihrem Leben sein soll, und setzen Sie sich selbst nicht unter Druck. Hohe Ansprüche lassen sich nicht immer erfüllen, die Unzufriedenheit wächst. Das bedeutet Stress für Hund und Halter und gefährdet eine glückliche Mensch-Hund-Beziehung.

DICKES FELL GEFRAGT

Dazu kommt häufig noch der Druck der Gesellschaft. Da ist der schräge Blick des Nachbarn, weil Hund an der Leine zieht und Halter hinten dranhängt. Und muss der vierbeinige Halunke ausgerechnet die Frau mit der weißen Hose anspringen? Mit dem Welpen in der Öffentlichkeit kann schon mal was schiefgehen. Klar, das ist nicht toll, und ja, es ist auch unangenehm. Aber wir können und sollten uns entschuldigen und dann das Beste daraus machen. Positiv betrachtet, zeigt uns der Hund in diesen Momenten die Schwachpunkte, an denen wir noch arbeiten müssen, sei es die Leinenführigkeit oder als Hundehalter noch aufmerksamer zu werden. Versuchen Sie Lösungen zu finden, statt sich über Probleme zu ärgern, und gehen Sie das Leben mit Ihrem kleinen Vierbeiner von Anfang an entspannt an.

ONLINE FOREVER?

Handy, Computer, WorldWideWeb – für unseren Welpen »böhmische Dörfer«. Folglich ist es ein Mythos für ihn, warum wir so oft am Tag in diese elektronischen Zauberkisten gucken und danach unsere Stimmungen verändern. Mal hektisch, mal sauer, mal total glücklich – all das ist für den Hund nicht greifbar und gerade in den ersten Tagen eine zusätzliche Herausforderung. Ihrem Welpen zuliebe: Wenn Sie sich mit ihm beschäftigen, dann legen Sie das Handy beiseite. Gehen Sie bewusst nur mit ihm raus, und erleben Sie die Natur ohne digitale Kommunikation. Auch für Sie ist es entspannend, im Hier und Jetzt zu leben – und für das Training mit Hund eine wichtige Voraussetzung!

Ausruhen und Entspannen ist gerade in hektischen Zeiten sehr wichtig – für Sie und Ihren treuen Begleiter! Genießen Sie gemeinsame Pausen. Ganz nebenbei stärkt der Körperkontakt die innere Bindung.

▶ TEAMGEIST ◀

TROUBLESHOOTING
DAMIT'S VON ANFANG AN KLAPPT

*AUCH WELPEN HABEN PFLICHTTERMINE.
WIE SIE SEINEN ERSTEN BESUCH BEIM
TIERARZT UND IN DER WELPENGRUPPE
POSITIV GESTALTEN KÖNNEN, VERRATEN
BARBARA UND ANDREAS WEISSMANN.*

BARBARA WEISSMANN, genannt Wulli, und ihr Mann Andreas Weißmann leben ihren Traum. In Steinhöring bei Ebersberg führt Wulli als »Doktor Wullittle« seit sechs Jahren ihre eigene Tierarztpraxis; Andi betreibt als zertifizierter Hundetrainer »Wullittles Hundeschule«. Beiden ist es ein Anliegen, dass ihre vierbeinigen Klienten von Anfang an gerne zu ihnen kommen.

▶ Frau Weißmann, was raten Sie einem Hundehalter, dessen Welpe zum ersten Mal und vielleicht etwas ängstlich in Ihre Tierarztpraxis kommt?
BARBARA WEISSMANN: In aller Regel hat ein Welpe noch keine schlechte Erfahrung mit der Tierarztpraxis gemacht; die unbekannte Umgebung, ein volles Wartezimmer und die eventuell unbewusste Stimmungsübertragung des Halters führen maßgeblich zur Ängstlichkeit des Welpen. Versuchen Sie die Tierarzttermine für Ihren Welpen möglichst in einer Zeit zu vereinbaren, in der das Wartezimmer nicht zu voll ist. Das erspart Ihnen beiden Stress. Ihre Unruhe könnte sich sonst auf den Welpen übertragen, auch wenn er vielleicht gerade dabei ist, sich zu entspannen. Optimalerweise haben Sie ein paar seiner Lieblingsleckerlis dabei. Damit kann sich der Tierarzt positiv bei dem Kleinen einführen. Außerdem kann man den Welpen beim Spritzen mit Leckerlis ablenken, sodass er sich beim nächsten Tierarztbesuch nur daran erinnert, wie toll es da ist, weil man auf dem Tisch Futter bekommt.

▶ Was sind die Krankheitsklassiker, weshalb Welpen bei Ihnen in der Praxis vorgestellt werden? Und was genau machen Sie dagegen?
BARBARA WEISSMANN: Der Klassiker ist Durchfall; die Welpen sind erst seit ein paar Tagen bei den neuen Besitzern, sie hatten Stress durch die Trennung von Mutter und Geschwistern, vielleicht war auch das Entwurmungsmanagement des Züchters etwas nachlässig ... Generell empfehlen wir als Erstes eine Entwurmung; diese muss an das Gewicht des Welpen angepasst sein und evtl. auch an bestimmte Gendefekte, die zu Medikamentenunverträglichkeiten führen. Dann bekommt der Welpe ein paar Tage Schonkost und eine Paste, die die natürliche Darmflora stärkt. Voraussetzung ist, dass der Welpe spielt, frisst und kein Fieber hat. Schwere Fälle mit gestörtem Allgemeinbefinden bedürfen natürlich einer intensiven medizinischen

▸ TROUBLESHOOTING ◂

Tierarzt – dieser Ausflug stößt oft auf wenig Begeisterung …

Versorgung. Dazu zählt z. B. eine Infusionsbehandlung, um die Verluste an Flüssigkeit und Mineralien auszugleichen. Ein weiterer Vorstellungsgrund sind Parasiten. Einen Wurmbefall kann der Besitzer schon bei näherer Betrachtung des abgesetzten Kothaufens feststellen. Hier muss sofort entwurmt werden, außerdem ist nach einem gewissen Zeitraum eine Nachbehandlung erforderlich. Auch Flöhe und Zecken lassen sich mit bloßem Auge gut erkennen, oder der Welpe kratzt sich vermehrt; hier sorgen spezielle Spot-on-Präparate für rasche Abhilfe. Flöhe sind übrigens potenzielle Überträger von Bandwürmern, daher ist bei Flohbefall auch immer eine Entwurmung anzuraten. Um typische Hundekrankheiten zu vermeiden, impfen wir die Welpen in der 8., 12. und 16. Lebenswoche.

≫▸ Herr Weißmann, vielen Hundehaltern fällt es schwer zu unterscheiden, wann das Spielverhalten ihrer Vierbeiner in Aggressionsverhalten übergeht. Wie gehen Sie gerade in Welpengruppen damit um?
ANDREAS WEISSMANN: Diesem Thema begegnen wir mit Aufklärung! Passive und aktive Unterwerfung gehören wie das Imponieren und das defensive oder auch offensive Drohen zur Kommunikation. Ein Welpe, der diese Kommunikationstechniken auf spielerische Weise erlernt, wird später eine bessere soziale Verträglichkeit zeigen. Das Ausdrucksverhalten unserer Hunde ist für den noch unerfahrenen Halter oft schwer oder gar nicht zu deuten, weshalb wir während der Welpenspielestunde erklären, was dort genau passiert. Ist das noch Spiel oder schon Beutefangverhalten? Wann muss ich die Welpen ggf. trennen, und wann verstärke ich durch eine unpassende Reaktion ein unerwünschtes offensives oder defensives Aggressionsverhalten? Sprich, wir helfen den Haltern bestmöglich, ihre Welpen »lesen« zu lernen und versuchen Halt zu geben.

≫▸ Hundehalter fahren zu Ihnen in die Welpenstunde, und er traut sich nicht aus dem Auto und bellt. Was kann man in einer solchen Situation tun?
ANDREAS WEISSMANN: Für den Welpen ist das alles völlig neu! Die Autofahrt, die unbekannte Umgebung, die anderen Hunde und eventuell auch die freudig aufgeregten Halter. Da hilft nur, durch ein ruhiges Auftreten und dem Vermitteln von Sicherheit zu signalisieren, dass die neue Situation keinesfalls »gefährlich« ist.

≫▸ Egal, ob im Wartezimmer der Tierarztpraxis oder auf dem Hundeplatz: Warum sollten zwei Welpen besser nicht an der Leine spielen?
ANDREAS WEISSMANN: Die Leine dient der Kommunikation zwischen Hund und Halter, die der Hunde untereinander schränkt sie ein. Die Stimmungsübertragung an der Leine ist vermutlich die häufigste Ursache für Aggressionen. Ein unbewusster Leinenruck im Spiel kann unerwartete Reaktionen hervorrufen. Darum die Begegnung planen: Verhalten sich die Hunde im »Sitz« oder »Platz« positiv zueinander, kann danach ohne Leine gespielt werden.

Zu finden als Doktor Wullittle, Barbara Weißmann, Steinhöring, www.doktor-wullittle.de Wullittles Hundeschule, Andreas Weißmann, www.wullittles.de

Wilde Spiele und Rangeleien, dazu der eine oder andere Zwack in Körperteile – das gehört unter Welpen einfach dazu und schult fürs weitere Hundeleben.

▶ TEAMGEIST ◀

STUBENREINHEIT
VON DRINGENDEN BEDÜRFNISSEN

Auch Stubenreinheit will gelernt sein. Nicht alle Welpen haben das schon bis zu ihrer Abholung geschafft. Da Hunde aber von Natur aus reinliche Tiere sind und nur ungern das eigene Bett beschmutzen, sollte es Ihnen mit ein bisschen Aufmerksamkeit nicht schwerfallen, Ihrem Youngster den Weg zum stillen Örtchen zu weisen.

STILLE ÖRTCHEN

Ob im Garten oder auf dem Grünstreifen vor dem Haus – zeigen Sie Ihrem Welpen von Anfang an einen geeigneten Platz, an dem er sich lösen kann. Vielleicht hat er ja schon nach der Autofahrt in sein neues Zuhause ein dringendes Geschäft zu erledigen? Bei all der Aufregung ... Hat es geklappt, dann loben Sie ihn kräftig. So speichert er diese Stelle schon mal als guten Platz ab. Falls Ihr Mini jedoch beim Züchter die Zeitung als richtige, da saugkräftige Unterlage kennengelernt hat, so kann es durchaus sein, dass Sie ihn erst an den neuen Untergrund gewöhnen müssen. Denn er wird nicht von alleine kombinieren, dass er nun stattdessen die Wiese nehmen kann.

URGENT

So ein Schließmuskel will trainiert werden, und der von der Blase ganz besonders. Kein Wunder also, dass Ihr Welpe in seinem zarten Alter noch nicht allzu lange durchhalten kann. Verschaffen Sie ihm darum Erleichterung, und gehen Sie anfangs etwa alle zwei Stunden mit ihm hinaus, vielleicht sogar öfter, das werden Sie schnell merken. Auf Habachtstellung sollten Sie außerdem sein, wenn er gerade sein Nickerchen beendet, ausgelassen gespielt oder etwas Aufregendes erlebt hat. Gehen Sie dann besser sofort mit ihm ins Freie, egal, was die Uhr sagt. Mit der Zeit können Sie die Abstände immer weiter ausdehnen. Zeigt der Kleine sogar an, dass es nun dringend Zeit ist, z.B. indem er unruhig wird, fiept, am Boden schnüffelt und zur Türe flitzt, so hat das ein besonders dickes Lob verdient, allerdings erst nachdem Sie ihn schnellstmöglich geschnappt haben und er sich draußen lösen konnte! Am besten tragen Sie ihn gleich dorthin, denn alles andere dauert zu lang!

Bei einem fröhlichen gemeinsamen Spiel kann Ihr Welpe durchaus mal »übersehen«, dass er sich lösen muss. Sorgen Sie deshalb rechtzeitig für eine entsprechende Gelegenheit.

▸ STUBENREINHEIT ◂

Im Zweistundentakt: Bis Ihr Hund von sich aus anzeigt, dass er sein Geschäft draußen verrichten möchte, müssen Sie die Uhr im Auge behalten.

WASSER MARSCH!

Auch ein kleiner Welpe kann schon bestimmte Signale mit einer Handlung verknüpfen. Voraussetzung dafür ist, dass Sie das Zeichen genau in dem Moment geben, da er die gewünschte Handlung zeigt (→ *Seite 94*). Führen Sie darum, wenn er sich gerade löst, ein spezielles Hörzeichen ein. Welches, ist egal, Ihrer Fantasie sind hier keine Grenzen gesetzt. Es sollte Ihnen eben nur nicht peinlich sein, wenn es auch andere Leute hören. Nach einigen Wiederholungen und entsprechender Belohnung wird Ihr Welpe sehr genau wissen, was Sie von ihm erwarten. Das ist nicht nur nützlich für das Stubenreinheitstraining, sondern auch, wenn er aus lauter Aufregung und Spieldrang nicht an seine Bedürfnisse gedacht hat. Zudem kann das Signal später hilfreich sein, um seine Geschäfte an den richtigen Ort zu lenken, beispielsweise in der Innenstadt. So beweist Ihr Hund eine gute Kinderstube!

NACHTSCHICHT?

Und nachts? Etwa auch alle zwei Stunden? Manch motivierter Hundehalter stellt sich einen Wecker, davon ist aber eher abzuraten. In Ihrem eigenen Interesse: Der Welpe soll sich an einen Tag-Nacht-Rhythmus gewöhnen und nicht an einen Zweistundentakt. Darum ist es viel besser, wenn Sie ihn in einem Körbchen oder einer Box mit ans Bett nehmen. Das stärkt auch gleich Ihre Mensch-Hund-Beziehung, weil er sich nicht allein gelassen fühlt. Sie werden schon merken, wenn er unruhig wird. Und dann nichts wie raus!

SHIT HAPPENS

Hier ist etwas schiefgelaufen! Sollten Sie in Ihrer Wohnung doch mal Hinterlassenschaften Ihres Vierbeiners finden, dann wischen Sie diese kommentarlos weg! Der Welpe kann jede Art der Bestrafung nicht mehr mit seinem Fauxpas in Verbindung bringen! Behandeln Sie die beschmutzte Fläche mit Essigwasser oder enzymatischen Reinigern, damit der Geruch nicht motivierend wirkt. Erwischen Sie Ihren Welpen auf frischer Tat, dürfen Sie aber in die Hände klatschen. Dies führt zu einer Schrecksekunde, der Schließmuskel zieht sich zusammen, und schon ist der Vorgang unterbunden. Tragen Sie Ihren Welpen nun an die richtige Stelle, das ist wichtig! Rufen würde zu lange dauern, und er könnte dann den Zusammenhang der ritualisierten Abfolge nicht verstehen. Draußen entspannt Ihre freundliche Stimme Situation und Schließmuskel. Alle sind zufrieden!

▸ TEAMGEIST ◂

HUNDE & KINDER

GESUCHT UND GEFUNDEN

Mein Partner mit der kalten Schnauze – der Wunsch, mit einem Hund aufzuwachsen, ist bei Kindern weitverbreitet. Nicht selten geben überhaupt erst sie den entscheidenden Anstoß zur Anschaffung eines Welpen. Damit Kind und Hund dicke Freunde werden können, müssen allerdings beide voneinander lernen.

PERSONAL COACHING

In Deutschland gibt es eine klare Regel: Hunde dürfen nicht an Minderjährige verkauft werden. Und damit stehen Sie in der Pflicht. Denn selbst wenn der Einzug des Welpen der Wunsch Ihres Kindes war, so sind doch Sie in allen Belangen für ihn verantwortlich. Da ist nur gut, wenn Sie den Vierbeiner auch selbst unbedingt haben wollen. Denn nur dann können Sie Ihrem Kind glaubhaft vorleben, was es heißt, einen Hund in die Familie aufzunehmen.

Hatten Sie als Kind etwa schon Hunde? Oft hat der Vierbeiner einen besonderen Stellenwert, der uns durch die Pubertät begleitet hat …

GEGENSEITIGER RESPEKT

Je nach Alter Ihres Kindes kann es erforderlich sein, eine Sache grundlegend zu klären: Er ist eben kein Stofftier, sondern ein lebendiges Wesen, und als solches will er respektiert werden. Wer einen Welpen zum Freund haben möchte, muss darum auch auf seine Bedürfnisse eingehen und gewisse Rücksichten nehmen. Wichtige Regeln sind:

◈ Der Welpe sollte freien Zugang zu seinem Ruheplatz haben. Zieht er sich dorthin zurück, heißt das: »Bitte nicht stören!« Weitere Zuwendung ist erst mal unerwünscht.

◈ Fressen, Kauartikel, Spielzeug und Liegeplätze von Bello sind tabu! Sie stellen für den Hund Ressourcen dar, die er zum Überleben braucht und die er darum auch verteidigen könnte, wenn kleine Zweibeiner darauf Anspruch erheben.

◈ Selbst wenn Kekse und Schokolade leckerer aussehen – der Welpe bekommt nur seine Leckerchen, abgemacht?

◈ Freunde zieht man nicht an Schwanz oder Ohren, und man ärgert sie auch nicht absichtlich.

◈ Nicht vor dem Welpen wegrennen! Er könnte das als Spielaufforderung verstehen und in Hundemanier hinterherjagen, etwas ungestümer als unter Zweibeinern üblich.

◈ Frontal auf den Welpen zustürmen ist auch nicht gut. »Stell Dir vor, wie ihn das erschrecken muss!«

HUNDE & KINDER

Gönnen Sie Ihrem Kind gemeinsame Auszeiten mit dem Vierbeiner, sobald es verantwortungsvoll mit dem Welpen umgehen und sich an gewisse Regeln bewusst halten kann.

NICHT UNBEAUFSICHTIGT

Auch wenn sie in Ihrem Beisein wie ein Dreamteam aussehen – sobald Sie Hund und Kind alleine lassen, sind die Karten neu gemischt. In Ihrer Abwesenheit könnte der Hund meinen, dass nun er für alles verantwortlich ist. Ob Ihr Kind seine »Zurechtweisung« versteht und richtig reagiert, bleibt fraglich. Und sollte es gar zu einer Verletzung kommen, so lässt sich im Nachhinein schwer rekonstruieren, wer wen provoziert hat. Was es natürlich auch schwer macht, das Problem durch gezieltes Training anzugehen ... Von offizieller Seite wird empfohlen, Kinder bis zu ihrem siebten Lebensjahr nie mit einem Hund alleine zu lassen.

Lennard, 8 Jahre, über seinen Hund Felix.

SOFT SKILLS

Dennoch können Sie Ihre Kinder, was Haltung und Training des vierbeinigen Kameraden betrifft, in die Pflicht nehmen. Das ist sogar sehr wichtig – für Kind und Hund. Verteilen Sie die Aufgaben nur bitte altersgerecht. Das könnte bedeuten, dass Ihr vierjähriger Sohn jeden Tag für frisches Trinkwasser sorgt, die sechsjährige Tochter den Hund schon alle zwei Tage bürsten darf und die älteste Tochter ihn unter Ihrer Aufsicht und in abgesicherten Situationen schon mal an der Leine führen darf. Und täuschen Sie sich nicht: Manche Kinder haben schon mit sechs Jahren ein sehr gutes Gespür für den Hund, zeigen ein besseres Timing und erweisen sich sehr konsequent, sodass sie beim Training mit dem Hund Erwachsene durchaus abhängen können. Fördern Sie das unbedingt! Für Ihr Kind ist es dabei wichtig zu wissen, dass Sie ihm Rückendeckung geben, wenn eine Übung nicht ganz so klappt. Versucht der Welpe beispielsweise nur, an das Leckerchen in der Hand Ihres Kindes zu kommen, dann sorgen Sie dafür, dass er erst seine Aufgabe korrekt zu Ende bringt. So bleibt Ihr Kind motiviert und Bello begreift bald, dass es sich lohnt, auch auf seinen Spielkameraden zu hören.

ENDLICH IST ER DA!

Ich habe mich so auf Felix gefreut. Aber ich war auch erschrocken, wie stark er mit seinen kleinen spitzen Milchzähnen zubeißen konnte. Ich bin schon froh gewesen, dass mir meine Eltern geholfen haben und auf mich aufgepasst haben.
Manchmal hatte ich Angst vor Felix und wollte dann lieber alleine spielen. Da haben Mama und Papa achtgegeben, dass Felix nicht in mein Zimmer kam. Das fand ich gut. Jetzt hat er seine anderen Zähne und beißt auch nicht mehr so viel. Jetzt spielen wir viel Fußball zusammen.

DU BIST ZEITLEBENS DAFÜR VERANTWORTLICH, WAS DU DIR VERTRAUT GEMACHT HAST.
(ANTOINE DE SAINT-EXCUPERY)

▸ TEAMGEIST ◂

ZUSAMMENRAUFEN
MIT TIERISCHEN MITBEWOHNERN

Gestatten, ich bin der Neue ... Welpen zeigen sich gegenüber anderen tierischen Mitbewohnern grundsätzlich aufgeschlossen. Bei der Gegenseite muss dies nicht unbedingt der Fall sein, schließlich gilt es, alteingesessene Vorrechte zu verteidigen. Und vergessen Sie nicht: Auch in Ihrem Welpen steckt immer noch ein bisschen Wolf!

WEHRET DEN ANFÄNGEN

Das Beutefangverhalten gehört zur genetischen Grundausstattung jedes Hundes, je nach Rasse ist es mehr oder weniger stark ausgeprägt. Daran lässt sich nicht rütteln. Modifizierend wirkt sich aus, welche Erfahrungen der Hund dabei gemacht hat. Neben dem Erfolg spielt hier vor allem der Spaßfaktor eine gewichtige Rolle. Leider zählt das Jagen zu den selbstbelohnenden Verhaltensweisen, d. h., egal wie es ausgeht, allein das Verfolgen der Beute sorgt schon für den nötigen »Kick«. Einem Hund, der das erst einmal entdeckt hat, wird man diese tolle Sache also kaum wieder abgewöhnen können. Die gute Nachricht: Das Jagdverhalten prägt sich erst ab etwa dem 6. Lebensmonat deutlich aus. Bis dahin bleiben Hundehalter weitestgehend davon verschont. Das ist Ihre Gelegenheit. Nutzen Sie die erste Zeit mit dem Welpen, um ihn gründlich an andere Tiere zu gewöhnen (Sozialisation, → Seite 53) und ihm zu vermitteln, dass auch die anderen Hausgenossen – ob mit Fell oder Federn – zur Familie gehören und weder jagd- noch fressbar sind.

INTERKULTURELLE BEGEGNUNG

Doch selbst wenn Sie meinen, dass Ihr Kleiner die Lektion begriffen hat, sollten Sie ihn doch niemals unbeaufsichtigt mit den Kameraden lassen. Gerade kleine Heimtiere wie Kaninchen und Meerschweinchen können durch eine hektische Bewegung Jagdverhalten auslösen. Und wer will es ihnen angesichts des potenziellen Fressfeindes verdenken, dass sie erst einmal in Deckung gehen? Wenn Sie die Rasselbande also nicht unmittelbar im Auge behalten können, bietet ein stabiles Gehege die beste Sicherheit vor unerwünschten Zwischenfällen. Schwieriger kann es da schon mit Schnurri werden, denn Katzen sind dem Neuankömm-

Beide sind noch auf Habachtstellung. Damit Welpe und Schmusetiger gute Partner werden, sind oft Ihre vermittelnden Fähigkeiten gefragt.

ZUSAMMENRAUFEN

ling zumeist weniger gewogen und zeigen ein ausgeprägtes Revierverhalten. Hier sind Ihre Qualitäten als Paartherapeut gefragt. Denn zum einen müssen Sie das Hundekind vor tätlichen Angriffen bewahren, zum anderen sollte Ihnen auch daran gelegen sein, Ihren einstigen Schmusetiger wieder zu besänftigen. Beachten Sie die Bedürfnisse all Ihrer Tiere. Je weniger die schon vorhandenen auf althergebrachte Gewohnheiten verzichten müssen, desto besser.

JUNIOR MEETS SENIOR

Oft schafft man sich den kleinen »Bagaluten« ja auch deswegen an, um ganz bewusst Stimmung in die Bude zu bringen und den schon in die Jahre gekommenen ersten Hund auf Trab zu halten. Das klappt manchmal nur zu gut! Denn es kann durchaus sein, dass Ihr Oldie beim wilden Herumtoben mit dem Jungspund seine Gelenkschmerzen komplett vergisst oder auch völlig ignoriert, dass ihm nach und nach die Puste ausgeht. Haben Sie also ein Auge auf den alten Herrn, und begleiten Sie ihn, sofern nötig, frühzeitig aus dem Spiel in die wohlverdiente Pause. Zudem sollten Sie Verständnis beweisen, wenn er dem Youngster ab und an seine Grenzen aufzeigt. Wie kleine Geschwister können eben auch Welpen manchmal tierisch nerven. Doch achten Sie darauf, wie beide die Konfliktsituation wegstecken. Keiner sollte dem anderen gegenüber Angstverhalten zeigen!

/// TIPP ///

Ein Besuch im Tierpark ist eine gute Möglichkeit, Ihren Welpen unter abgesicherten Bedingungen mit vielen anderen Tieren vertraut zu machen. Probieren Sie aus, wie gut er sich bei Ablenkung von Ihnen führen lässt. Hört und reagiert er auf Ihre Signale? Lässt er sich abrufen? Wenn nicht, sind das Ihre Baustellen. Natürlich sollten Sie unter so starker Ablenkung nur das trainieren, was der Hund schon sicher erlernt hat. Das erfordert Ausdauer und Konsequenz, doch der Weg lohnt sich! Denn es ist wirklich schön zu sehen, wie Ihr Hund im Garten liegt, während sich die Nachbarskatze vertrauensvoll an sein Fell kuschelt.

Auch Hunde untereinander müssen sich erst einmal näher beschnuppern und die Grenzen des anderen kennenlernen und akzeptieren.

Einmal miteinander warm geworden, können aus Hund und Katze oft unzertrennliche Freunde werden.

Gerade an potenzielle Beutetiere sollten Sie Ihren Youngster schon möglichst frühzeitig gewöhnen, bevor seine Jagdleidenschaft im Alter von etwa sechs Monaten erwacht.

▶ TEAMGEIST ◀

ÖFFENTLICHKEITSARBEIT
ÜBER GOS UND NO-GOS

*Daniela Krüger
Hundetrainings-
zentrum Salzwedel
Hoyersburgerstr. 111
29410 Salzwedel
www.Hundeschule-
Salzwedel.de*

Haben Sie auch manchmal das Gefühl, dass alle Augen auf Sie gerichtet sind, wenn Sie mit Ihrem Welpen in der Öffentlichkeit unterwegs sind? Damit sind Sie nicht allein. Viele Hundehalter spüren den Druck der Gesellschaft. Man will ja einen guten Eindruck machen. Über die kleinen Gos und No-Gos berichtet Hundetrainerin Daniela Krüger.

»Hundetrainer sind in den letzten Jahren weit mehr geworden als diejenigen, die den Hunden Sitz, Platz und Männchen beibringen«, sagt Hundetrainerin Daniela Krüger fröhlich lächelnd. »Wir sind auch dafür da, Hundehaltern den richtigen Umgang mit ihrem Hund in der Öffentlichkeit zu vermitteln. Auch wenn der Welpe noch so süß ist, es gibt viele Menschen, die Hunde nicht mögen, und sie dürfen nicht durch den eigenen Welpen belästigt oder gar gefährdet werden. Sätze wie ›Der tut nichts‹, helfen da leider nicht viel.« Zudem sollten Hundehalter erlernen, wie sie richtig reagieren, falls dann doch mal ein Malheur passiert. Hier die wichtigsten Tipps, kurz und knackig zusammengefasst und als Schonprogramm für Ihren Welpen.

»FUSS«

Trainieren Sie »Fuß« spielerisch, indem Sie Ihrem Welpen ein Leckerchen an die Nase halten und ihn damit auf die Höhe Ihres Schenkels locken. Gehen Sie so mit ihm weiter, und loben Sie die ersten Schritte. In der Stadt kann diese Übung bei Engpässen helfen.

▶ ÖFFENTLICHKEITSARBEIT ◀

LOCKERE LEINE

Die ersten Tage über läuft Ihr Welpe von sich aus locker an der Leine mit! Das hat ein dickes Lob verdient. Dadurch teilen Sie ihm mit, dass Sie genau dieses Verhalten fördern möchten. Loben Sie ihn auch, wenn er entspannt an Passanten vorbeigeht. Glauben Sie mir, in einigen Wochen wird er zeigen, dass er ziehen kann. Nur gut, wenn er jetzt schon lernt, dass es sich lohnt, nah bei Ihnen zu bleiben!

ALLE ODER KEINER

Kommt Ihnen ein angeleinter Hund entgegen, sollten Sie Ihren Welpen auch zu sich nehmen und anleinen. Gehen Sie so an dem anderen Team vorbei, dass sich die Hunde nicht berühren und in den Leinen verheddern können. Das gilt auch dann, wenn Passanten ohne Hund Sie bitten, Ihren frei laufenden Vierbeiner anzuleinen. Niemand darf sich durch Ihren Hund belästigt fühlen, das erleichtert das Miteinander.

SEIN EIGENER HERR

Sammeln Sie die Hinterlassenschaften Ihres Hundes ein. Immer! Wer tritt da schon gerne hinein ... Statten Sie Ihre Jackentaschen am besten gleich mit mehreren Reservebeuteln aus. Dann sind Sie für den Fall der Fälle gerüstet.

▸ TEAMGEIST ◂

VON ANFANG AN
ENTSPANNUNG VERMITTELN

Der Start mit einem Welpen ist Aufregung pur – darum sollten Sie und Ihr Youngster zwischendurch immer mal wieder relaxen. Doch sich auf einen Fingerschnipp hin zu entspannen, ist gar nicht so einfach. Darum ein paar Orientierungspunkte, wie Sie Ihrem »jungen Wilden« helfen können, seine innere Ruhe wiederzufinden.

IN DER RUHE LIEGT DIE KRAFT

Entspannung ist wichtig, um physische und psychische Blockaden aufzulösen. Darum macht sie auch nicht müde, sondern munter, lernfähiger und fit! Unterstützen Sie Ihren Welpen dabei, nach Phasen der Aktivität wieder zur Ruhe zu kommen. Durch eine ritualisierte Massage, bei der Sie bewusst langsame Fingerbewegungen ausführen, um sie von den üblichen Streicheleinheiten abzugrenzen, setzen Sie klare Akzente. Entspannung pur, nicht nur für Minis!

GANZKÖRPERMASSAGE

Starten Sie Ihre Entspannungsoffensive, wenn Ihr Welpe auf seiner Decke liegt und Sie aufmerksam anblickt. Massieren Sie ihn mit den Fingerspitzen beider Hände, in kreisenden Bewegungen, ganz langsam. In Zahlen ausgedrückt: Ihre Finger bewegen sich pro Sekunde gerade mal 1 cm. Bei dieser Übung ist nur eine leichte Druckintensität nötig. Doch lösen Sie die Finger nicht vom Hund. Jedes Loslassen und erneutes Berühren verursacht eine kleine Anspannung. Und wie ist es mit Ihnen? Schaffen Sie es, bei dieser Übung den Alltag zu vergessen und sich ganz auf Ihren Hund einzulassen? Denn nur so kann auch Ihr Welpe relaxen.

ABSCHALTEN

Im Laufe der Zeit lernen Sie Ihren Hund richtig gut kennen und wissen genau, in welchen Situationen er sich leicht stressen lässt. Sehen Sie nicht einfach darüber hinweg, sondern erweisen Sie sich als guter Partner, indem Sie ihm in diesen Momenten Entspannung näher bringen. Schalten Sie einen Gang zurück, und gönnen Sie sich beiden eine kurze Auszeit. So helfen Sie Ihrem Welpen, nicht weiter »aufzudrehen«, sondern sich zu einem gelassenen, ausgeglichenen Hund zu entwickeln. Der Erfolg wird es zeigen!

Ob jung oder alt – für Hunde ist es wichtig, nach Phasen der Aktivität wieder zur Ruhe zu kommen. So können sie das Erlebte besser verarbeiten und sich ein ausgeglichenes Naturell bewahren.

STEP BY STEP

AKTIVES IGNORIEREN

Wie sag ich's meinem Welpen, dass ich eine Pause brauche und er sich auch ohne mich entspannen kann? Ignorieren alleine hilft nicht. Schließlich tun wir dies auch unbewusst, wenn wir am Computer sitzen oder den Einkaufszettel schreiben …

Durch aktives Ignorieren bestimmen Sie, wann es für Sie beide Zeit ist, zu entspannen! Als optisches Signal dient z. B. ein Schal.

Was ist also der Unterschied zwischen »Ignorieren« und »aktivem Ignorieren«? Suchen Sie sich einen Gegenstand, der in Ihrem Haushalt keine übergeordnete Rolle spielt, z. B. einen Winterschal, den Sie nie tragen. Diesen hängen Sie unmittelbar vor Trainingsbeginn an die Türklinke. Der Welpe sollte dies beobachten, nur so kann er verknüpfen, dass mit dem Hinhängen des Schals das aktive Ignorieren beginnt. Die effektive Trainingseinheit sieht dann so aus, dass der Kleine in dieser Zeit nicht angesehen, nicht angefasst und nicht angesprochen wird. Sobald Sie die Übung beenden wollen, nehmen Sie den Schal ab und verstauen ihn an einem sicheren Ort. Durch Wiederholung begreift Ihr Welpe rasch, wann Sie ansprechbar sind – kein Schal – und wann nicht – Schal hängt an der Türklinke.

1 Hängen Sie einen speziell für diesen Zweck ausgewählten Gegenstand (z. B. einen Schal) deutlich sichtbar an die Türklinke.

2 Ihr Welpe wird schnell merken, dass Sie in der Zeit, da der Schal an der Türklinke hängt, für ihn nicht im Geringsten ansprechbar sind.

3 So lernt er von Anfang an, dass auch Menschen ab und an eine Auszeit brauchen. Solange es danach wieder munter weitergeht, kann er dies entspannt akzeptieren und die Zeit für ein Nickerchen nutzen.

▶ TEAMGEIST ◀

DOGSITTING
IM FALL DER FÄLLE GUT BETREUT

*Hundeschule und
Hundepension
Quo Vadis
Marion Thiemann
Humboldtstr. 17,
53639 Königswinter
www.hundeschule-
quo-vadis.de*

Wohin mit dem Familienmitglied Hund bei Urlaub, Krankheit, beruflicher Abwesenheit? Diese Frage beschäftigt viele Hundehalter, denn nicht immer kann der Vierbeiner von Angehörigen und Freunden betreut werden. Eine Hundepension mit Familienanschluss wie bei Marion Thiemann? Das wäre doch eine tolle Lösung!

»Seit einigen Jahren leben nicht nur meine eigenen Hunde und etliche Pflegehunde aus dem Tierschutz bei mir, sondern auch Pensionshunde. Sei es für ein Wochenende, einen längeren Urlaub oder auch mal spontan wegen Krankheit des Halters. Viele der vierbeinigen Gäste kommen regelmäßig her und freuen sich schon bei ihrer Ankunft auf dem Hof, meine Hunde und meine Familie wiederzusehen. Damit es für neue Hunde ein angenehmer Aufenthalt wird, vereinbare ich rechtzeitig einen Kennlerntermin bei mir. So können wir sehen, ob die Chemie stimmt, und der Hund ist nicht verunsichert, wenn er dann später hier Urlaub macht. Gerade bei sehr jungen oder schon älteren Hunden finde ich das sehr wichtig.«

ALLES, WAS SICH HUNDE WÜNSCHEN

Liebevolle Menschen, ein Hunderudel zum Toben, ein riesiger Garten zum Erkunden, Spaziergänge, »Arbeit« in der Hundeschule und abends müde ins Körbchen, um ausgeschlafen für den nächsten Tag zu sein.

▶ DOGSITTING ◀

ES GIBT VIEL ZU TUN

»Gassi gehen, für Beschäftigung sorgen, die Rasselbande füttern, das Fell pflegen, nach einem Spaziergang im Regen die Pfoten sauber machen, Hunde kraulen, auf die Stimmung im Rudel achten, Näpfe spülen, erziehen, Kontakt zum Besitzer halten und immer wieder Großreinemachen usw. So ein Tag ist gut ausgefüllt. Und wenn dann abends alle Hunde ausgeglichen und tief schlafend im Wohnzimmer liegen, bin auch ich rechtschaffen müde und zufrieden.«

CHECK-IN

»Der Neuankömmling wird schrittweise mit der vorhandenen Gruppe bekannt gemacht. Die Hunde bringen ihr Körbchen und Futter mit, eventuelle Besonderheiten wie Futterunverträglichkeiten, Allergien, Medikamentengabe, aber auch besondere Gewohnheiten möchte ich natürlich wissen. Wichtig sind zudem der Impfpass und die Daten des behandelnden Tierarztes.«

AUS LIEBE ZUM HUND

»Damit sich die Gäste wohlfühlen, nehme ich jeweils nur einen oder zwei Hunde zu meinen eigenen auf. Diese haben dafür vollen Familienanschluss und dürfen sich auf einen spannenden Urlaub freuen.«

▶ KRISENMANAGEMENT ◀

KRISENMANAGEMENT
ERSTE PROBLEME MEISTERN

Man ist geneigt, ihnen viel nachzusehen. Doch was beim Welpen noch putzig ist, kann beim erwachsenen Hund zu einem ernsthaften Problem werden. Darum sollten Sie Ihrem Youngster von Anfang an zu verstehen geben, was Sie gut finden und was nicht. Und eventuelle Probleme als Aufgabe sehen, die gemeinsam gemeistert werden kann.

JUGENDFLAUSEN

Welpen sind nicht von Natur aus auf Krawall gebürstet. Im Gegenteil, sie zeigen eine hohe Bindungsbereitschaft, instinktiv wissend, dass sie auf sich selbst gestellt nicht überleben könnten. Wenn Ihr Kleiner also eine unerwünschte Verhaltensweise zeigt, dann nicht, um Sie zu ärgern, sondern weil er es noch nicht besser gelernt hat.

Grobian

Sie und Ihre Kinder haben schon allzu oft schmerzhafte Bekanntschaft mit den spitzen Milchzähnen Ihres Welpen geschlossen? Dann hat er Ihnen gegenüber noch nicht die nötige Beißhemmung (→ *Seite 28*) erlernt.

So wird's besser: Teilen Sie Ihrem Welpen hundegerecht mit, dass er Sie nicht zwicken darf. Beißt er aus dem Spiel heraus zu fest zu, beenden Sie die Balgerei umgehend. Gehen Sie kommentarlos weg, und ignorieren Sie den »Missetäter«. Kurz danach widmen Sie sich wieder freundlich Ihrem Welpen. Sollte er seine Zähne abermals zu unbedacht einsetzen, beenden Sie das Spiel erneut. So wird er nach und nach begreifen, dass Zwicken unangenehme Folgen nach sich zieht. Denn zum einen führt es zum Spielabbruch, zum anderen entziehen Sie ihm Ihre Aufmerksamkeit. Je konsequenter Sie sind, umso schneller wird er die Spielregeln verstehen und die Zwickerei sein lassen. Unterstützen Sie ggf. auch Ihre Kinder bei der Übung.

Buddelmonster

Gehören Sie zu den glücklichen Hundehaltern, die einen Garten haben? Ihr Welpe wird sich dort nur zu gerne aufhalten! Doch gehen Sie besser nicht davon aus, dass er Ihre geplante Ordnung im Beet einhält und versteht. Schließlich

Stecken Sie nicht gleich den Kopf in den Sand – auch Ihr Hund würde dies allenfalls spielerisch tun. Darum: Augen zu und konsequent durchgreifen!

riecht es hier mehr als verlockend, und die Katze ist auch gerade durchmarschiert. Da ist es nur (kyno-)logisch für ihn, diesen Weg näher erkunden zu wollen und – zu buddeln. Das Ende vom Lied: Ein von Kopf bis Pfote dreckiger Welpe, ausgegrabene Blumenzwiebeln, ein verunstalteter Garten und ein schlecht gelaunter Hundehalter ...

So wird's besser: Lassen Sie Ihren Welpen in den ersten Wochen nur unter Aufsicht in den Garten. Loben Sie ihn in den Bereichen, in denen er sich aufhalten darf. Das gibt ihm schon mal Orientierung. Springt er aus vollem Galopp in das Rosenbeet, dann hilft es in diesem Falle nicht, das Fehlverhalten einfach nur zu ignorieren. Um ihm zu vermitteln, dass er das Beet bitte nicht öfter inspizieren soll, brauchen Sie ein klares Abbruchsignal (→ *Seite 108*), z. B. ein »Nein«. Bei entsprechendem Training wird er von seinem Tun ablassen. Der Welpe hält inne und blickt zu Ihnen. Loben Sie ihn ausführlich dafür. Er braucht dieses Feedback, um zu begreifen, dass es viel besser ist stehen zu bleiben und sich an Ihnen zu orientieren.

ERSTE PROBLEME

Auch bei bestem Willen und guter Vorbereitung lassen sich Probleme nicht immer vermeiden. Fragen Sie sich dann nicht zu lange nach dem »Warum?«, sondern überlegen Sie, wie Sie die Sache gezielt angehen können.

Wer hat hier ein Problem? Falls es irgendwann nicht mehr ganz rund läuft, sollten Sie frühzeitig nach Lösungen suchen oder professionellen Rat einholen. So gibt's weniger Stress für Sie beide!

Verstockt

Haben Sie das Gefühl, dass Sie und Ihr Welpe keinen guten Draht haben und er sich gar nicht für Sie interessiert?

So wird's besser: Falls sich der Welpe trotz aller Bemühungen, eine vertrauensvolle Bindung aufzubauen (→ *Seite 42*), nicht aufgeschlossen zeigt, können Sie zu einem altbewährten Mittel greifen: Liebe geht über den Magen. Füttern Sie ihn vorerst nur aus der Hand, nicht aus dem Napf. Sie bestimmen, wann der Hund etwas von Ihnen bekommt, manchmal »einfach nur so«, manchmal trainieren Sie mit ihm. Setzen Sie die Handfütterung sowohl im Haus wie auch im Freien ein, denn dabei lernt er, dass Sie auch außerhalb der Wohnung wichtige Ressourcen verteilen.

Lonely Boy

Nichts ist schlimmer als zu wissen, dass Ihr kleiner Welpe nicht alleine bleiben kann.

So wird's besser: Gerade wenn Welpen allein sind, fühlen sie sich in großen weiten Räumen »verloren«. Eine Box vermittelt dagegen allein durch die räumliche Abschirmung ein Gefühl von Sicherheit. Allerdings müssen Sie Ihrem Youngster erst sachte beibringen, sich darin zu entspannen. Und das braucht eine gewisse Vorbereitungszeit.

Stellen Sie die Box zu Hause auf; sie sollte gut zugänglich und immer geöffnet sein, damit der Hund sie jederzeit genauer inspizieren kann. Eine kuschelige Decke und etwas Futter erhöht den Anreiz. Hat er einmal darin gefressen, dann wird er immer öfter in der Box nachsehen, ob nicht noch was Gutes dort zu finden ist. Vielleicht zieht er sich ja auch mit einem leckeren Knochen dorthin zurück! Das ist ein untrügliches Zeichen dafür, dass sich der Hund in seiner neuen Kuschelhöhle wohlfühlt.

Erst wenn diese Entspannungszeichen zu erkennen und auch über einen längeren Zeitraum zu beobachten sind, können Sie damit beginnen, die Türe vorsichtig anzulehnen – ganz langsam natürlich! Sie wird erst dann richtig verschlossen, wenn Ihr Welpe keinerlei Anstalten macht, seine Behausung zu verlassen. Sobald er stressfrei in der Box bleibt und sie einfach nur klasse findet, kommt sie erst richtig zum Einsatz. Nun können Sie nach und nach immer länger den Raum verlassen, und er bleibt entspannt zurück.

HUNDEKNIGGE

Es klingelt, und er ist wieder zuerst da! Für Ihren Welpen hört sich dieser Ton überaus vielversprechend an, denn immer verbirgt sich jemand anderes hinter der Tür, und alle sind nett zu ihm. Kein Wunder, dass er mit jedem Klingeln schneller zur Tür spurtet!

Nicht jeder Besucher möchte an der Tür von Ihrem Hund begrüßt werden. Gut, wenn Ihr Mini von klein auf gelernt hat, abzuwarten.

Teilen Sie Ihrem Welpen einen festen Platz zu, an dem er sich aufhalten soll, wenn es klingelt und zwar so lange, bis Sie das Auflösesignal geben (→ *Seite 110*). Setzen Sie sich zum Trainingsbeginn neben die Decke. In Ihren Händen halten Sie richtig gute Leckerchen parat. Werfen Sie ein paar davon auf die Decke. Meist reicht das, um den Hund darauf zu locken und genüsslich fressen zu lassen. Sichern Sie dieses Verhalten durch Wiederholung. Sobald es zuverlässig klappt, führen Sie das Signal »Decke« ein, und zwar eine halbe Sekunde **bevor** Ihre Hand die Leckerchen auf die Decke wirft. Hat Ihr Welpe beides verknüpft, können Sie ihn künftig bei jedem Klingeln auf seine Decke schicken und die Besucher wieder selbst empfangen. Doch vergessen Sie nicht, beizeiten das Auflösesignal zu geben!

Wählen Sie einen Platz aus, an dem Ihr Welpe warten soll, wenn es an der Tür klingelt. Nun gilt es, diesen positiv zu belegen.

Ihr Welpe hat sich durch die Leckerlis auf die Decke locken lassen? Prima, wiederholen Sie dies mehrmals, dann das Hörzeichen einführen.

Mit etwas Übung können Sie Ihren Hund künftig auf die Decke schicken und dort warten lassen, bis Sie Ihre Besucher begrüßt haben. Danach ist aber er an der Reihe!

▶ TEAMGEIST ◀

MEIN TRAUMHUND

WENN WÜNSCHE WAHR WERDEN

MAN BEKOMMT IHN ALS TAPSIGEN WELPEN UND ERLEBT MIT, WIE ER ZUM SOUVERÄNEN HUND HERANREIFT. MIT ETWAS UNTERSTÜTZUNG WIRD ER SEINEN PLATZ IN UNSEREM LEBEN FINDEN.

GABRIELE FAHLBUSCH, zu recht stolze Hundehalterin von Golden Retriever »Spencer«, berichtet von ihren Erfahrungen mit »Spencer« im ersten Lebensjahr.

➤ Welche Vorstellung hatten Sie von einem Leben mit Hund, bevor Sie Spencer abgeholt haben?
GABRIELE FAHLBUSCH: Die Entscheidung für diesen Hund und diese Rasse ist sehr bewusst gefallen. Als Heilpraktikerin für Psychotherapie wollte ich mit dem künftigen Hund gern eine Ausbildung zum Mensch-Hund-Therapieteam absolvieren. Die Planung, was für ein Hund es werden soll und welche Züchter infrage kommen würden, hat tatsächlich etwa ein Jahr gedauert. Die Züchter wussten von meinem Plan und haben mich bei der Auswahl des Welpen konkret unterstützt und beraten.
Meine Vorstellung von einem Leben mit Hund war die, dass wir einen fröhlichen Gefährten bei uns haben, der zu unserer Familie gehört und den Alltag und die Feiertage mit uns teilt. Und natürlich habe ich mir insgeheim gewünscht, dass er die Arbeit als Therapiehund mögen wird, denn das hätte ich nie erzwingen wollen. Glücklicherweise hat sich beides erfüllt.

➤ Wie hat sich Ihr Leben dann tatsächlich verändert, seit Spencer bei Ihnen eingezogen ist?
GABRIELE FAHLBUSCH: Mit Spencer hat sich viel verändert. Er wird von allen Familienmitgliedern innig geliebt und gibt diese Liebe auch im Übermaß zurück. Er ist witzig, kuschelig, und wir lachen oft über seinen Charme. Es macht Freude, mit ihm zu toben, zu spielen und zu arbeiten. Spaziergänge mit Hund machen uns allen viel mehr Spaß. Allerdings ist man in seiner Planung und Spontanität nicht mehr so frei und flexibel wie ohne Hund.

➤ Spencer ist jetzt schon erwachsen. Welche Phase war für Sie am spannendsten?
GABRIELE FAHLBUSCH: Eigentlich war jede Phase spannend. Ich habe es als unglaublich schön empfunden, ihn ab der 8. Lebenswoche in die Welt begleiten zu dürfen. Für so ein kleines Wesen ist alles neu und aufregend. Es macht Spaß zu sehen, wie es lernt und Vertrauen aufbaut.

➤ Welpenzeit und Pubertät – gab es Unterschiede?
GABRIELE FAHLBUSCH: Unser Hund war ein verschmuster, pfiffiger Welpe, und so ist er geblieben – sowohl

MEIN TRAUMHUND

Aus dem kleinen, zufrieden schlafenden »Spencer« ...

in der Pubertät als auch jetzt als erwachsener Hund. In der Welpenzeit musste viel kennengelernt werden, alles war neu. Ich halte hier viele, viele Sozialkontakte mit Menschen und anderen Hunden für sehr wichtig. Ein Hund, der das erfahren und sich ausprobieren durfte, wird auch in der Pubertät nicht plötzlich zum »Problemhund«. In der Pubertät stellt er fest, wo er z. B. beim Kontakt mit anderen Hunden steht. Und natürlich schaut er auch, wie konsequent wir Menschen sind bzw. ob es uns auffällt, wenn er sich plötzlich an einem Kommando vorbeimogelt.

»→ Welche »Flausen« zeigte Spencer in der Pubertät, die Sie aus der Welpenzeit nicht kannten?

GABRIELE FAHLBUSCH: Ich hatte fast ein wenig Angst vor der Pubertät. Einige Hundebesitzer hatten mir berichtet, wie »schlimm« sie werden könne. Das war aber bei Spencer gar nicht so ausgeprägt. Er war z. B. nie rüpelhaft oder hat sich aufgespielt. Ich konnte nur manchmal nicht glauben, dass er sicher Erlerntes wie z. B. »Sitz«, »Platz«, »Korb« etc. nicht mehr so ausgeführt hat wie zuvor. Er hat dann oft gar nichts gemacht und mich angesehen, als habe er dieses Signal noch nie gehört. Glücklicherweise hat mir unsere Hundetrainerin in dieser Zeit geholfen zu verstehen, dass Spencer mich nicht ärgern will, sondern dass er in dieser Entwicklungsphase oft einfach nicht anders kann.

»→ Was würden Sie künftigen Hundehaltern raten, wie sie das erste Jahr am besten angehen können?

GABRIELE FAHLBUSCH: Viel Zeit, viel Zuwendung und Training, damit sich eine gute Bindung entwickeln kann. Ich habe es nie bereut, in Spencers erstes Jahr eine Menge Zeit investiert zu haben. Wir haben viele Kurse und Anschlusskurse in einer guten Hundeschule besucht, das hat ihm einerseits Sozialkontakte gebracht, und wir konnten zudem »unter Ablenkung« üben. Auch Einzeltrainingsstunden haben wir dann und wann genutzt. Zwischen uns hat sich ein schönes Vertrauensverhältnis aufgebaut; das macht im Laufe der Zeit praktisch alles möglich. Ich bin davon überzeugt, dass das erste Jahr zu einem großen Teil darüber entscheidet, wie der Hund später so ist.

»→ Was konnten Sie von Spencer lernen?

GABRIELE FAHLBUSCH: Ich konnte von ihm lernen, dass das Leben jetzt stattfindet. Seit ich Spencer habe, genieße ich viel bewusster schöne Augenblicke und finde es herrlich, ihm dabei zuzusehen, wie er sich satt und zufrieden auf dem Rasen hin- und herkugelt, oder wie er vor Freude außer sich ist, wenn »seine Familie« nach Hause kommt. Ich möchte Spencer nicht vermenschlichen. Und doch schenkt er mir bedingungslose Liebe, tiefes Vertrauen und große Loyalität. Seine Nähe beruhigt und tröstet mich. Seine Lebensfreude und gute Laune sind einfach ansteckend. Seine Unvoreingenommenheit Menschen und Situationen gegenüber lässt mich immer wieder staunen. Er bringt mein Herz zum Lächeln – einfach nur, weil er da ist, und weil er so ist, wie er ist.

Gabriele Fahlbusch, 50, ist Hundehalterin mit Leib und Seele. Sie liebt ihren »Spencer« und freut sich täglich darüber, dass er ihr Leben bereichert.

... ist ein erwachsener Hund geworden, der es liebt, seine Familie zu begleiten. Die von Welpenbeinen an vertrauten Kuscheltiere dürfen aber auch heute noch gerne mit!

▸ TEAMGEIST ◂

WELPE & JUNGHUND
VOM FLÜGGEWERDEN BIS IN DIE FLEGELJAHRE

Ob Ihr Welpe ein cooler Typ oder eher ein Sensibelchen wird, ist nur zu einem gewissen Teil genetisch vorprogrammiert. Entscheidend ist auch, welche Einflüsse aus der Umwelt während seiner Entwicklung auf ihn einwirken und welche Erfahrungen er macht. Und genau hier können Sie ansetzen!

PRÄNATALE PHASE

Die »Persönlichkeitsentwicklung« des Welpen beginnt bereits im Mutterleib. Dass die Lebensbedingungen der Mutterhündin Einfluss auf das spätere Verhalten ihrer Welpen haben, ist sogar wissenschaftlich erwiesen. So wurde beobachtet, dass tragende Hündinnen unter stressreichen Lebensbedingungen häufiger unruhige Welpen führen und ihrerseits hektischer und emotionaler auf ihren Nachwuchs reagieren. Der Welpe kann also schon vor seiner Geburt durch äußere Umweltreize geformt werden, die direkt auf die Mutterhündin einwirken. Ein Grund mehr, den Züchter auf Herz und Nieren zu prüfen und die Mutterhündin Ihres zukünftigen Welpen genauer zu beobachten.

NEONATALE PHASE

Sie umfasst in etwa die erste und zweite Lebenswoche des Welpen und wird auch als Phase der inneren Zuwendung bezeichnet. Denn in erster Linie beschäftigt man sich mit der eigenen Körperpflege, dem Fressen und dem Schlafen. Sehr viel mehr geht auch noch nicht. Hundekinder kommen taub und blind auf die Welt. Da ihr Nervensystem bei Weitem noch nicht fertig entwickelt ist, können sie nicht laufen, sondern nur kriechen. In Zusammenarbeit mit dem schon funktionierenden Temperatur- und Geruchssinn reicht das aber, um die Wärme der Mutter zu suchen und an die »Milchbar« zu gelangen. Klappt es mal nicht, geben sie der Hündin durch das sogenannte Suchpendeln, ein rhythmisches horizontales Pendeln mit dem Kopf, zu verstehen, dass sie Hilfe brauchen. Diese stupst den Kleinen dann in Richtung Gesäuge. Als weiteres Kommunikationsmittel verfügen die Welpen über ein spezielles Fiepen, mit dem sie ihrer Mutter unmissverständlich mitteilen, dass

Hilflos wirken sie auf den ersten Blick, doch der Körper der Welpen wurde gut ausgestattet – schon bald sind alle Sinnesorgane funktionsfähig, dann wird der Welpe seine Umwelt erkunden und im Griff haben.

sich hier jemand allein und verloren fühlt und so schnell wie möglich zurück zu Mama will. Die besondere Frequenz dieses Fiepens geht den Welpen im Alter von etwa drei Wochen verloren, also dann, wenn sie selbst mit dem Laufen beginnen. Im Moment sind die Welpen aber noch sehr auf die Hilfe ihrer Mutter angewiesen. Durch Belecken von Bauch und Hinterteil stimuliert sie Kot- und Urinabsatz, da die Youngster das selbst noch nicht geregelt bekommen. Im Anschluss beseitigt sie die Hinterlassenschaften, um das Wurflager sauber zu halten. Sie selbst ist in der Wurfbox meist in U-Stellung anzutreffen, zwischen ihren Beinen liegt wohlbehütet und wohlig warm der Nachwuchs. In dieser Zeit bildet der Welpe die erste Garnitur an Geborgenheitsreizen aus, entscheidende Einflüsse sind in der Regel die Mutter, die Wurfgeschwister und die Wurfbox. Und doch können auch wir Menschen schon die neonatale Phase für die ersten »Handling«-Übungen nutzen. Bei entsprechend sanfter Berührung wird der Welpe sich nicht nur positiv an die menschliche Hand gewöhnen, sondern lernt auch schon den Geruch von Zweibeinern kennen.

ÜBERGANGSPHASE

Endlich ist es so weit. Von der zweiten auf die dritte Lebenswoche öffnen sich Augen und Ohren, zudem ist der Geruchssinn nun deutlich differenzierter. Beste Voraussetzungen also, um die Welt mit ganz anderen Augen zu sehen! Entsprechend intensiv setzt sich der Welpe mit seiner Umgebung auseinander und fängt auch schon sachte an, mit seinen Geschwistern oder sonstigen geeigneten Objekten zu spielen. Motorik und Koordination werden trainiert und optimiert. Kein Wunder, dass das Stehen, Sitzen, Gehen, Hüpfen und Galoppieren zunehmend besser klappt. Auch seine Ausscheidungen hat der Kleine nun selbst unter Kontrolle. Der Aktivitätszyklus der Welpen steigt, was der Mutter nicht verborgen bleibt. Sie beginnt, sich intuitiv zu distanzieren und überlässt es dem Nachwuchs zunehmend selbst, den Weg zu ihr zu finden. Am Ende der Übergangsphase können die Welpen laufen und das Nest verlassen. Sie wird als entspannteste Phase des Hundelebens angesehen. Jeder Reiz, der in dieser Zeit positiv auf den Welpen wirkt, vermittelt ihm auch später ein Gefühl der Geborgenheit. Darum ist jetzt die beste Gelegenheit, ihm ein getragenes T-Shirt o. ä. von Ihnen mit in die Wurfbox zu geben, das er nach seinem Umzug als »Schnüffeltuch« verwenden kann (→ Seite 37).

DIE SOZIAL SENSIBLE PHASE

Ab der dritten Lebenswoche wird es spannend. Hunde durchleben keine Prägung, sondern vielmehr eine Phase, in der sie sozial sensibel und besonders aufnahmebereit sind. Hellwach und mit allen Sinnen nimmt der Welpe seine

Ihr Welpe sollte freundliche Berührungen von klein auf kennenlernen. Helfen Sie ihm, Ihre Hand mit etwas Positivem zu verbinden.

/// **SCHON GEWUSST?** ///

NICHT IMMER GEHT ES NUR UM DAS EINE
Schon in der Sozialisierungsphase ist zu beobachten, dass ein Welpe den anderen besteigt. Das hat jedoch nichts mit sexueller Übererregbarkeit oder einem »Dominanzproblem« zu tun, sondern kann auch eine Reaktion auf akuten bzw. chronischen Stress sein. Oder spielerisches Training ...

Ihr Welpe wird Ihnen schon zeigen, auf welchem Untergrund er am liebsten ruhen möchte. Für viele ist es ein weiches Bett, das nach dem wohlvertrauten Besitzer riecht – ob er bleiben darf, entscheiden Sie.

Umwelt wahr und beginnt darauf zu reagieren. Im Spiel mit seinen Wurfgeschwistern lernt er erste Umgangsformen (Beißhemmung, → *Seite 28*) und die Verständigung mit Artgenossen. Zudem lässt sich dabei das komplette genetisch festgelegte Verhaltensrepertoire abrufen. Ob Flucht-, Angriffs-, Spiel- und Erstarrenstendenzen – alles wird ausprobiert. Auch das Aggressionsverhalten! In die Gruppe kommt Bewegung, spielerisch bilden sich erste Rangfolgen aus. Dabei kann durchaus mal Frust aufkommen. Das schadet aber nicht, auch Stressbewältigung will gelernt sein, und jetzt ist die beste Zeit dazu. Bis zur 8. Lebenswoche sind alle Anzeichen des körperlichen Ausdrucksverhaltens gezielt einsetzbar und als Haaresträuben, Knurren, Vermeiden, Runzeln des Nasenrückens, Mimik, Unterwerfungsgesten usw. zu erkennen. Zugleich erreicht die Sozialisierungsphase nun ihren Höhepunkt, also genau dann, wenn Sie Ihren Welpen üblicherweise vom Züchter abholen!

POSITIVE ERFAHRUNGEN

Nutzen Sie die Gelegenheit! In der sozialen Phase ist das Gehirn Ihres Welpen besonders aufnahmebereit für neue Reize und speichert diese zuverlässig ab. Liegen die Erfahrungen überwiegend auf der positiven Seite, profitiert Ihr Hund davon sein ganzes Leben lang. Machen Sie ihn mit allem vertraut, was sein künftiges Leben ausmacht (Sozialisation und Habituation, → *Seite 44*). Je facettenreicher das Bild ist, das Ihr Welpe auf positive Weise kennenlernen kann, desto unproblematischer wird später das Zusammenleben mit ihm. Eine mangelnde Sozialisierung oder fehlende Erkundungsmöglichkeiten hemmen ihn dagegen in seiner Entwicklung und lassen ihn künftig gegenüber Menschen und der Umwelt eher unsicher reagieren. Auf der anderen Seite haben Sie nun auch die beste Möglichkeit, auf das Verhalten Ihres Hundes modifizierend einzuwirken. Seine Lernbereitschaft und Aufnahmefähigkeit sind

SELBER MACHEN

KUSCHELKNOCHEN

Statten Sie Ihren Welpen mit möglichst vielen Geborgenheitsreizen aus. Es wird ihm bestimmt nicht schwerfallen, diesen Kuschelknochen mit positiven emotionalen Zuständen zu verknüpfen!

SIE BRAUCHEN:

Zwei Kuschelstoffe mit den Maßen 55 × 40 cm | Papier für das Schnittmuster | ca. 1 kg Füllwatte | reißfestes, hundeerprobtes Nähgarn | Nähmaschine | Stecknadeln | Stoffschere

1 Falten Sie das Papier der Länge nach zur Mitte, und zeichnen Sie einen halben Knochen auf. Das Mittelstück endet dann auf dem Falz. Schneiden Sie nun den halben Knochen aus dem doppelt genommenen Papier aus. Wenn Sie den Bogen anschließend aufklappen, sollten Sie einen schönen symmetrischen ganzen Knochen haben.

2 Legen Sie beide Stoffe rechts auf rechts, das Schnittmuster obenauf. Dann alles mit Stecknadeln fixieren und den Knochen entlang der Vorlagenkante rundherum ausschneiden (→ *Bild 1*).

3 Anschließend entfernen Sie das Schnittmuster, die Stofflagen bleiben zusammengesteckt. Nähen Sie diese mit der Nähmaschine (Geradstich) und mit etwa 1 cm Abstand zum Rand zusammen, dabei jedoch eine Wendeöffnung von wenigen Zentimetern offen lassen (→ *Bild 2*).

4 Schneiden Sie die Nahtzugabe an den Rundungen vorsichtig ein, so entstehen nach dem Wenden keine unschönen Falten. Nun den Knochen wenden und mit Füllwatte ausstopfen (→ *Bild 3*).

5 Um den Knochen zu schließen, schlagen Sie die Stoffkanten an der Wendeöffnung um etwa 1 cm nach innen ein, und fixieren Sie diese mit Stecknadeln. Zum Schluss steppen Sie die Wendeöffnung mit der Nähmaschine zu. Jetzt kann es kuschelig werden!

TIPP

Im Internet gibt es zahlreiche Tutorials zu finden, die zu tollen Nähprojekten für den Hund inspirieren! Viel Spaß beim Stöbern!

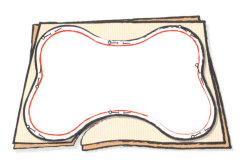

1

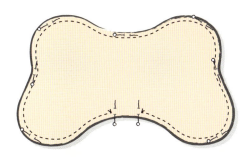

2

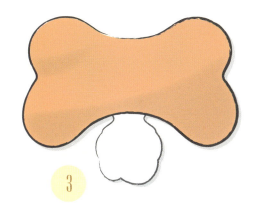

3

nun besonders hoch, das Lernen ist Selbstzweck und macht Spaß, weil es nicht anstrengt. Da braucht es nicht einmal eine Belohnung. Die sozial sensible Phase hält etwa bis zur 20. Lebenswoche Ihres Welpen an. Lassen Sie die Zeit nicht ungenutzt verstreichen, sondern stellen Sie die Weichen, dass sich Ihr Youngster zu einem souveränen, sozial verträglichen Gefährten entwickelt. Der Besuch einer guten Welpenschule kann Sie dabei unterstützen. Das macht nicht nur Spaß, sondern hilft auch dabei, das richtige Maß zwischen Herausforderung und Überforderung zu finden.

DIE JUVENILE PHASE

Fließend geht die sozial sensible Phase in die juvenile Phase über. Sie markiert das Ende der Welpenzeit und dauert an, bis der Hund erwachsen und in seinem Wesen gefestigt ist. Je nach Rasse kann dies unterschiedlich lang dauern. So sind kleinere Hunde bereits mit acht bis 12 Monaten ausgewachsen, großwüchsige erst nach 18 bis 24 Monaten. In die juvenile Phase fällt die Pubertät, denn die meisten Hunde erreichen im zweiten Lebenshalbjahr die Geschlechtsreife.

DIE PUBERTÄT

Das Gute vorneweg: Bei Hunden handelt es sich wenigstens nur um eine Flegelphase und nicht um Flegeljahre wie beim Menschen. Dennoch kann diese Zeit Ihre Geduld als Hundehalter auf eine harte Probe stellen. Das Jagdverhalten bildet sich aus, und überhaupt hat man ständig das Gefühl, dass alles, was man seinem Welpen geduldig antrainiert hat, mit einem Mal völlig vergessen ist. Nur gut, dass die Zeichen offensichtlich sind: Rüden fangen an das Bein zu heben und zu markieren, interessieren sich aber auch ihrerseits zunehmend für Geruchsbotschaften. Während das andere Geschlecht zunehmend attraktiv und ausgiebig beschnüffelt wird, verhält man sich Rüden gegenüber ablehnend und argwöhnisch. Hündinnen werden das erste Mal läufig. Zwar ist der Eintritt in die Geschlechtsreife nicht unbedingt eine Entschuldigung dafür, dass der Hund plötzlich auf Durchzug stellt und altbekannte Signale komplett ignoriert, aber es hilft zu verstehen. Die Zeit, da Ihr Welpe von sich aus bereit war Anschluss zu halten, ist vorbei. Mit zunehmender Selbstständigkeit fühlt er sich von Ihnen unabhängiger und ist darauf aus, bestehende Regeln auf die Probe zu stellen und seine Grenzen auszutesten. Hier hilft nur Konsequenz. Sorgen Sie dafür, dass bisherige Abmachungen auch weiterhin Gültigkeit behalten. Auf keinen Fall darf er nun den Eindruck gewinnen, dass er Ihre Signale getrost ignorieren kann. Doch bleiben Sie Ihrem Junghund auch ein fairer Freund und Partner. Verlangen Sie nicht zu viel von ihm, und lassen Sie es nicht auf eine Machtprobe ankommen. In Situationen, in denen Sie von vornherein damit rechnen, dass er nicht auf Sie hört, sollten Sie geeignete Vorkehrungen treffen. Steht beispielsweise zu befürchten, dass Ihr Rüde beim Anblick einer Hündin durchstartet und Ihrem Rückruf nicht Folge leistet, dann leinen Sie ihn prophylaktisch an und trainieren den Rückruf bei weniger Ablenkung. So geben Sie ihm einerseits die Chance, das richtige Verhalten zu zeigen, andererseits verhindern Sie, dass sich wichtige Signale durch sein Ignorieren »abnutzen«. Stärken Sie ihm auch den Rücken, wenn er plötzlich sensibel auf äußere Reize reagiert, die ihn zuvor völlig kaltgelassen haben. Mit der richtigen Mischung aus Konsequenz und Einfühlungsvermögen begleiten Sie Ihren Junghund sicher durch seine stürmische Phase und sind gerüstet, wenn in der sog. 2. Pubertät im Alter von 1,5 bis 2,5 Jahren diese Verhaltensweisen noch einmal aufkommen, dann aber deutlich kürzer und nur vorübergehend!

Lassen Sie Ihren vierbeinigen Kameraden stressfrei erwachsen werden. So bleibt er Ihnen auch als erwachsener Hund ein treuer Partner und zuverlässiger Gefährte.

STEP BY STEP

SORGLOS UNTERWEGS

Der Maulkorb sorgt immer wieder für Gesprächsstoff. Doch egal, welchen Charakter Ihr Vierbeiner hat, in manchen Situationen (öffentliche Verkehrsmittel) ist der Maulkorb Pflicht. Darum sollte jeder Hund spielerisch und entspannt daran gewöhnt werden.

Informieren Sie sich, wo in Ihrer Stadt oder Gemeinde Maulkorbpflicht herrscht. Das kann von Kommune zu Kommune unterschiedlich sein.

Gut geeignet ist ein Gittermaulkorb aus Leder oder Kunststoff. Damit kann Ihr Welpe problemlos atmen, trinken und fressen. Legen Sie ein paar Leckerchen in den Maulkorb, und bieten Sie Ihrem Vierbeiner an, sich daraus zu bedienen. Loben Sie ihn ausgiebig, wenn er seine Schnauze in den Maulkorb steckt. Dies üben Sie noch viele Male. Erst nach zahlreichen Wiederholungen lassen Sie ihn länger im Maulkorb verharren. Später legen Sie den Verschluss hinten an und noch viel später wird der Maulkorb verschlossen. Alles spielerisch und mit Zeit! Doch lassen Sie Ihren Youngster niemals mit dem Maulkorb allein. Er kann sich verletzen oder gar damit hängen bleiben. Ein Trainingsziel könnte sein, dass Ihr Welpe lernt, seine Schnauze auf das Signal »Anziehen« in den Maulkorb zu stecken!

Darf ich vorstellen? Geben Sie Ihrem Welpen erst einmal Gelegenheit, den für ihn unbekannten Gegenstand näher zu beschnuppern.

Mit ein paar besonders feinen Leckerlis fällt es deutlich leichter, das Maul schon mal probeweise in das eigenartige Teil zu stecken.

Alles eine Sache der Gewöhnung: Lassen Sie Ihren Welpen den geschlossenen Maulkorb anfangs nur kurze Zeit tragen, dann die Dauer nach und nach ausdehnen.

▸ TEAMGEIST ◂

HUNDEWETTER
GERÜSTET FÜR ALLE WETTERLAGEN

Bewegung an der frischen Luft tut gut – und doch fällt es wesentlich leichter, den »inneren Schweinehund« zu überwinden und bei jedem Wetter hinauszugehen, wenn Ihr Vierbeiner nur darauf wartet, etwas mit Ihnen unternehmen zu können. Dennoch gibt es Wetterlagen, bei denen Sie auch Ihren Hund nur bedingt »vor die Tür jagen« sollten ...

INFO

Hunde mit depigmentierter Nase oder heller Fellfarbe können leicht Sonnenbrand bekommen und sollten darum nicht längere Zeit in der Sonne liegen.

HUNDSTAGE

Heiße, schwüle Tage im Sommer machen Ihrem Welpen schwer zu schaffen. Denn während wir Menschen über etwa zwei bis drei Millionen Schweißdrüsen verfügen, die über den ganzen Körper verteilt sind, besitzt der Hund nur ein paar wenige an den Pfotenballen. Genug, um an heißen Tagen feuchte Tapser auf dem Boden zu hinterlassen, doch zu wenig, um den Organismus effektiv abzukühlen. Hunde können übermäßige Wärme nur über das typische Hecheln abgeben. Dabei wird die Luft mit hoher Frequenz über die Nase eingesogen und über das geöffnete Maul mit heraushängender Zunge abgeatmet (400–500 Atemzüge/Minute). Die in der Atemluft reichlich enthaltene Feuchtigkeit verdunstet auf der Zungenoberfläche. Das dadurch abgekühlte Blut der Zunge fließt dann zurück in den Organismus und sorgt dort nach und nach für den Temperaturausgleich.

Kühlen Kopf bewahren

Welpen können ihre Körpertemperatur noch nicht ausreichend regulieren. Sie geraten deshalb viel schneller in einen überhitzten Zustand mit Wassermangel, was den jugendlichen Kreislauf schwer belasten kann. Achten Sie deshalb darauf, dass sich Ihr Youngster gar nicht erst so »aufheizt«:

◉ Herumbalgen und Toben? Bitte nur morgens oder abends! Denn Sie sollten sich nicht darauf verlassen, dass der Welpe das Spiel unterbricht, um seinen Durst zu löschen. Und ist er erst einmal sehr stark ins Hecheln geraten, kann er für eine ganze Weile kein Wasser aufnehmen.
◉ Spaziergänge in der prallen Sonne sind tabu. Suchen Sie schattige Pfade und Wege entlang von Bachläufen.
◉ Ein kühlendes Fußbad im nahe gelegenen Bach ist vor allem in den heißen Sommermonaten immer willkommen.

An heißen Tagen ist jede Gelegenheit zu einer Abkühlung willkommen. Allerdings sollte sich Ihr Welpe noch nicht in allzu tiefe Gewässer oder gar solche mit Strömung wagen.

HUNDEWETTER

Das perfekte Schnüffelwetter – Gerüche werden bei dieser Art von Schnee hervorragend konserviert. Für Ihren Welpen die perfekte Gelegenheit, »Zeitung zu lesen«.

Den Absprung in tiefere Gewässer sollten Sie Ihrem Welpen aber erst erlauben, wenn er sicher schwimmen und auch steilere Böschungen erklimmen kann.
⊛ Schattige Plätzchen im Garten oder kühlere Räumlichkeiten laden während der Mittagshitze zur Siesta ein.

Im Auto
Überlegen Sie gut, ob Sie Ihren Welpen im Sommer wirklich im Auto mitnehmen müssen oder nicht doch lieber an einem kühlen Fleckchen zu Hause lassen. Auch ein Schattenparkplatz kann schneller als erwartet in der Sonne liegen, und dann heizt sich das Auto extrem auf. Falls Ihr Welpe also tatsächlich für ein paar Minuten im Auto auf Sie warten muss, dann sollten Sie Folgendes sicherstellen:
⊛ Achten Sie auf genügend Frischluftzufuhr. Die Fenster dürfen aber nicht zu weit geöffnet sein, damit Ihr Hund nicht ausbüxen und sich und andere Verkehrsteilnehmer gefährden kann. Wenn Sie Ihren Mini in einer sicheren Box transportieren, können Sie auch die Autotür offen lassen.
⊛ Stellen Sie Ihrem Vierbeiner unbedingt etwas zu trinken bereit. Es gibt mittlerweile tolle Reisenäpfe, die verhindern, dass Ihr Auto anschließend überschwemmt ist.

WINTERAUSSTATTUNG
Schnee und Eis sind aber auch nicht jedermanns Sache. Denn während z. B. Husky, Samojede und Zwergspitz den winterlichen Verhältnissen mit einer besonders dichten Unterwolle trotzen, sind Rassen wie Dobermann, Viszla und Dalmatiner schlichtweg »underdressed«. Kleine Hunde frieren noch schneller als hochgewachsene Artgenossen, da sie über ihre verhältnismäßig größere Körperoberfläche auch mehr Wärme verlieren. In solchen Fällen hilft nur ein Hundemantel. Während dieser früher oftmals für spöttische Bemerkungen sorgte und somit auch dem Hundehalter »ein dickes Fell« abverlangte, sind heute viele verschiedene Ausführungen im Handel erhältlich, darunter durchaus trendige Exemplare. Passen Sie den Mantel genauso an wie ein Geschirr (→ *Seite 31*), er sollte nicht in der Bewegung einschränken. Zweckdienlich sind zudem Öffnungen, durch die Sie das Halsband oder Geschirr ziehen können, um die Leine daran zu befestigen.

Vorsicht, Streusalz!
Zum Mantel die passenden Schuhe: Ergonomisch geformte Pfotenschuhe schützen Ihren Vierbeiner nicht nur vor Verletzungen, sondern auch vor dem Angriff von Streusalz und Split. Ansonsten hilft auch ein Eimer mit lauwarmem Wasser, in dem Sie die Pfoten des Hundes nach Ihrer gemeinsamen Runde abwaschen. Falls Sie mit dem Auto unterwegs sind, tut's auch eine Flasche mit Leitungswasser – so springt Ihr Welpe gleich mit sauberen Pfoten ins Auto.

Schneeschuhe
Besonders Hunde mit langem oder lockigem Fell wie Bichon Frisès oder Bobtails können ein Lied davon singen – von dicken Schneeklumpen an den Pfoten und Beinen. Nicht so einfach, damit zu laufen! Für Abhilfe können Sie sorgen, wenn Sie das Fell zwischen den Ballen und an den Pfoten mit aller Vorsicht kürzen. Am besten geht das zu zweit! Lassen Sie sich den Welpen dabei sanft festhalten!

DOGGY STATION
DAMIT IHR WELPE DURCHSTARTEN KANN

Mit ausgewogener Ernährung sowie angemessener Pflege und Gesundheitsvorsorge können Sie einen wichtigen Beitrag dazu leisten, dass Ihr Vierbeiner gesund aufwächst und möglichst lange fit an Ihrer Seite bleibt.

▶ FITNESS FOOD ◀

FITNESS FOOD

WELPEN UND JUNGHUNDE GESUND ERNÄHREN

Die »richtige« Ernährung ist ein gerne diskutiertes Thema unter Hundefreunden. Unser Ziel ist nicht, Ihnen vorzuschreiben, welche Fütterungsform die beste für Ihren Welpen ist. Das bestimmt er selbst, je nachdem, was er gerne frisst und gut verträgt. Uns ist vielmehr wichtig darauf hinzuweisen, was Ihr Hund braucht, um lange fit zu bleiben.

AUS KLEIN WIRD GROSS

Junge Hunde wachsen schnell heran. Je nach Rasse haben sie ihre endgültige Größe nach 8 bis 12 Monaten erreicht, besonders großwüchsige Rassen nach etwa 18 bis 24 Monaten. Den größten Wachstumsschub durchläuft ein Welpe in den ersten sieben Lebensmonaten. Entscheidend für die gesunde Entwicklung von Knochen und Gelenken ist eine bedarfsgerechte Versorgung mit Energie und Nährstoffen.

Kontrolliertes Wachstum

Futter, Kauartikel, dazu die vielen Leckerchen im Rahmen der Grunderziehung – im Gegensatz zu erwachsenen Hunden, bei denen sich überflüssige Kalorien in einem offensichtlichen Verlust der Taille niederschlagen, führt ein überreiches Futterangebot bei Welpen und Junghunden zu einem beschleunigten Größenwachstum. Betroffene Tiere sind also nicht zu dick, sondern einfach zu groß für ihr Alter. Dadurch wird das noch unzureichend mineralisierte Skelett übermäßig belastet, Entwicklungsstörungen von Knochen, Knorpeln oder Gelenken können die Folge sein. Dem können Sie vorbeugen, indem Sie Ihren Welpen einmal pro Woche wiegen und das Ergebnis in eine sogenannte Wachstumskurve eintragen. Diese stellt die empfohlenen Körpergewichte in Abhängigkeit von Alter und Rasse dar. Standardisierte Vordrucke sind bei Züchtern, Tierärzten oder Hundeschulen erhältlich, daneben bieten entsprechend ausgebildete Fachleute auch die Erstellung einer individuellen Wachstumskurve für Ihren Welpen an. Liegt sein aktuelles Körpergewicht mehr als 10 % über der empfohlenen Gewichtsgrenze, müssen Sie das Futterangebot samt Leckereien und Kauartikeln um 10–15 % reduzieren.

Erhöhter Nährstoffbedarf

Entscheidend für eine gesunde Skelettentwicklung ist zudem eine ausgewogene Versorgung mit Kalzium und Phosphor. Beide Stoffe werden in das bei der Geburt noch wenig mineralisierte Skelett eingelagert und verleihen den Knochen die erforderliche Stabilität. An der Regulation dieses Vorgangs ist u. a. Vitamin D beteiligt, das deswegen auch keinesfalls fehlen darf. Was sonst für Welpen und Junghunde besonders wichtig ist? Kupfer für ein starkes Bindegewebe, Zink, weil es an vielen für das Wachstum wichtigen Stoffwechselvorgängen beteiligt ist und Linolsäure, eine ungesättigte Fettsäure, als Baustein von Zellmembranen. Es ist also gar nicht so leicht, dem erhöhten Nährstoffbedarf des Welpen Rechnung zu tragen!

Essenzielle Nährstoffe kann der Körper nicht selbst herstellen, sie müssen ihm über die Nahrung zugeführt werden. Dazu zählen bestimmte Aminosäuren, Fettsäuren und die meisten Vitamine.

DAS BRAUCHT HUND

1. **Eiweiße**: Bausteine für Gewebe und Organe, aber auch für Transport-, Boten- und Abwehrstoffe; Hunde können sie zusätzlich als Energielieferanten nutzen.

2. **Fette**: Neben ihrer Funktion als Energielieferanten und -speicher sind sie auch an wichtigen Stoffwechselvorgängen beteiligt, ermöglichen die Aufnahme fettlöslicher Vitamine und dienen als Bausteine für die Myelinscheiden von Nervenzellen.

3. **Kohlenhydrate**: Sie liefern schnell verfügbare Energie; Nerven- und Blutzellen können nur Glukose als Energieträger nutzen.

4. **Mineralstoffe**: Mengenelemente sind wichtig für den Zell- und Knochenaufbau, die Muskeltätigkeit und den Flüssigkeitshaushalt. Spurenelemente finden sich in vielen Enzymsystemen und werden u.a. für die Blutbildung und die Immunabwehr benötigt.

5. **Vitamine**: Sie greifen regulierend in eine Vielzahl von Stoffwechselvorgängen ein, unterstützen das Immunsystem und sind beteiligt am Aufbau von Zellen, Blutkörperchen, Knochen und Zähnen.

6. **Ballaststoffe**: Unverdauliche Nahrungsbestandteile mit positiven Auswirkungen auf die Darmflora und Darmtätigkeit.

FÜTTERUNGSFORMEN

Fertigfutter, Selbstgekochtes oder Rohfütterung – es gibt verschiedene Möglichkeiten, wie Sie Ihren Welpen füttern können. Jede davon hat ihre Vor- und Nachteile. Neben einer bedarfsgerechten Versorgung ist allein entscheidend, was Ihr Vierbeiner gerne frisst und gut verträgt.

Fertigfutter

Der größte Vorteil von Fertigfutter besteht in der bedarfsgerechten Zusammensetzung und fertigen Zubereitung. Dose auf – Futter in den Napf – fertig! Achten Sie jedoch darauf, dass das entsprechende Produkt als Alleinfuttermittel deklariert ist. Nur dann können Sie es Ihrem Welpen ohne weiteres Zutun vorsetzen. Ergänzungsfuttermittel hingegen werden erst durch weitere Zutaten zu einer kompletten Mahlzeit. Um dem besonderen Nährstoffbedarf Ihres Youngsters Rechnung zu tragen, sollten Sie zudem ein Produkt wählen, das speziell für seine Altersgruppe konzipiert ist. Von Nachteil ist, dass im Rahmen des Herstellungsprozesses wichtige Inhaltsstoffe verloren gehen, die synthetisch ersetzt werden müssen. Über Art und Herkunft der verwendeten Zutaten haben Sie keine Kontrolle. Zwar sind die Hersteller verpflichtet, Zusammensetzung, Inhaltsstoffe und Zusatzstoffe auf dem Etikett anzugeben, hinsichtlich der Umsetzung bestehen aber große Spielräume. Folgende Angaben müssen auf dem Etikett vermerkt sein:

- Art des Futtermittels: Allein-, Ergänzungsfuttermittel
- Garantierte Analyse: Hiermit verpflichtet sich der Hersteller, dass der angegebene Mindestgehalt an Eiweißverbindungen (Rohprotein) und Fetten (Rohfett) nicht unterschritten sowie der Höchstgehalt an mineralischen Stoffen (Rohasche) und Ballaststoffen (Rohfaser) nicht überschritten wird. Die Angaben erlauben aber keinen Rückschluss auf Qualität und Verwertbarkeit der verwendeten Zutaten.
- Inhaltsstoffe: Diese werden je nach Menge in absteigender Reihenfolge aufgeführt. Bei der geschlossenen Deklaration sind die Inhaltsstoffe gruppenweise erfasst (z. B. Fleisch, aber ohne Angabe der Fleischsorte), bei der offenen Deklaration sind alle Zutaten einzeln aufgeführt.

Leider bestehen große Qualitätsunterschiede zwischen den Produkten verschiedener Hersteller. Der Vergleich lohnt!

HUNDEKEKSE RATZFATZ

Liebe geht ja bekanntlich durch den Magen! Verwöhnen Sie Ihren Vierbeiner doch einfach mal mit selbst gemachten Leckerchen. Erfolg garantiert!

SIE BRAUCHEN:

200 g Kartoffelmehl, 100 g Rinderhackfleisch, ca. 50 ml Wasser, 2 Eier, 2 EL Öl

Zubereitungszeit 7–10 Minuten, Backen 25–30 Minuten

1 Das Rinderhackfleisch mit den anderen Zutaten vermengen und nach und nach so viel Wasser zugeben, bis ein geschmeidiger Teig entsteht.

2 Den Teig etwa 0,5 cm dick ausrollen und die Hundeplätzchen ausstechen. Diese mit ausreichend Abstand auf ein mit Backpapier ausgelegtes Backblech setzen.

3 Die Kekse bei 180 °C Umluft für 25 Minuten backen, bis sie leicht gebräunt und gänzlich trocken sind. Bei etwas dickeren Plätzchen kann es evtl. auch länger dauern.

4 Die Hundekekse auskühlen und dann sofort Ihren Welpen testen lassen. Guten Appetit!

Als Alternative zu Weizenmehl (Gluten!) eignet sich wie hier Kartoffelmehl. Genauso gut sind Haferflocken und gemahlene Nüsse.

Selbstzubereitete Rationen

Futtermittelskandale in der Vergangenheit und die mangelnde Transparenz hinsichtlich der Zusammensetzung von Fertigprodukten lassen aber auch viele Tierhalter wieder selbst zum Kochlöffel greifen. Besonders BARF (bone and raw food, Knochen- und Rohfütterung) hat in den letzten Jahren zahlreiche Anhänger gefunden. Dabei handelt es sich um eine Fütterungsform, die sich an den Fressgewohnheiten von Wölfen orientiert. Ziel dabei ist, die Zusammensetzung der natürlichen Beutetiere bestmöglich zu imitieren. Sämtliche Zutaten werden ausschließlich roh verfüttert. Allerdings hat sich nur zu oft gezeigt, dass es gar nicht so einfach ist, das Beutetier im Napf »nachzubauen«. Wichtige Nährstoffe sind nämlich nicht nur in dessen Fleisch, sondern auch in Fell, Federn, Knochen, Blut und Innereien enthalten und damit in Bestandteilen, die weitaus seltener den Weg in die Futterschüssel finden. Ohne entsprechende Nahrungsergänzung sind Mangelerscheinungen also zwangsläufig die Folge. Ob gekocht oder roh – selbst zubereitete Rationen erfordern große Sachkenntnis, damit eine ausgewogene und bedarfsgerechte Ernährung gewährleistet ist. Gerade bei Welpen und deren speziellen, sich kontinuierlich ändernden Nährstoffbedarf ist es ratsam, sich professionelle Unterstützung zu suchen. Das hilft, gravierende Fütterungsfehler von Anfang an zu vermeiden.

/// CHECKLISTE ///

HUNDEFUTTERCHECK

Ob Ihr Welpe mit seinem Futter gut zurechtkommt, können Sie anhand folgender Kriterien beurteilen:

◉ Körpergewicht: Ihr Welpe wächst und gedeiht gemäß seiner Rassevorgaben (→ *Seite 77*).
◉ Futteraufnahme: Der Napf ist ruckzuck geleert.
◉ Kotabsatz: Ihr Welpe setzt ohne Beschwerden mindestens einmal und nicht öfter als dreimal täglich Kot ab. Dieser ist von normaler Farbe und geformt.
◉ Futtermittelunverträglichkeit: Mögliche Hinweise hierfür sind Erbrechen, Durchfall, aber auch Hautausschläge.
◉ Verhalten: Ihr Mini ist weder erschöpft noch hyperaktiv.

▶ DOGGY-STATION ◀

BEAUTY & CARE
GEPFLEGT VOM SCHEITEL BIS ZUR SOHLE

Je nach Rasse und Fellbeschaffenheit ist hier unterschiedlicher Einsatz gefragt. Gewöhnen Sie Ihren Welpen frühzeitig an die wichtigsten Pflegemaßnahmen, und bringen Sie Zeit und Geduld mit, dann wird er die intensive Zuwendung zu schätzen lernen.

LÄUSEHARKE

Ein Kamm aus Metall und mit abgerundeten Zinken ist ideal, um das Fell von Verfilzungen zu befreien, ohne Haare und Haut zu verletzen. Ein Feinzahnkamm spürt lästige Plagegeister auf.

CONDITIONER

Damit die zarte Welpenhaut durch das Waschen nicht in Mitleidenschaft gezogen wird, sollten Sie ein spezielles Shampoo verwenden, dessen pH-Wert an den der Hundehaut angepasst ist. So bleibt der natürliche Säureschutzmantel erhalten, Austrocknung und Hautkrankheiten wird vorgebeugt.

BÜRSTE UND STRIEGEL

Sie entfernen Schmutz, Staub sowie abgestorbene Haare und geben dem Fell Glanz. Softzupfbürsten aus Naturborsten und mit feinen Metallstiften dienen speziell dazu, die Unterwolle auszulichten. Besonders sanft zu Minis sind Naturborsten.

KARIES & BAKTUS

Kauknochen und -wurzeln helfen, die Entstehung von Zahnstein zu mindern. Zähneputzen pflegt zusätzlich. Zahnbürsten für Hunde gibt's in verschiedenen Ausführungen, dazu Zahnpasta, die nicht schäumt.

▶ BEAUTY & CARE ◀

PUDELWOHL

Bestimmte Hunderassen, wie z. B. der Pudel, haaren nicht. Ihr Fell ist sehr weich und wächst ständig nach. Damit die Frisur in Form bleibt, werden sie etwa alle 8 Wochen geschoren. Falls Sie dies selbst erledigen wollen, sollten Sie sich den Umgang mit der Schermaschine erst einmal vom Profi zeigen lassen.

PFLEGEDIENST

Für eine gelingende Beziehung zwischen Mensch und Hund ist es nötig, die gemeinsame Zeit attraktiv zu füllen. Dazu gehören Beschäftigungen wie Spiel, Kuscheln und eben Körperpflege.

AUF LEISEN PFOTEN

Sind die Krallen zu lang, müssen sie gekürzt werden. Doch bitte nicht die Blutgefäße verletzen, das würde Ihr Welpe sehr übel nehmen. Im Zweifelsfalle besser vom Tierarzt helfen lassen!

GIB ZECKEN KEINE CHANCE

Verlassen Sie sich nicht auf »bewährte Hausmittel« wie Öl oder Klebstoff. Die sicherste Methode ist immer noch die Entfernung mittels Pinzette, Zeckenzange (mit integrierter Drehbewegung) oder Zeckenkarte; hierbei wird die Zecke in einer v-förmigen Auslassung fixiert und durch eine Bewegung nach vorn und oben entfernt.

WAS TUN?
IM ERNSTFALL RICHTIG REAGIEREN

Im Laufe eines Hundelebens wird es immer wieder Situationen geben, in denen der Vierbeiner medizinisch versorgt werden muss. Wenn Sie bereits bei ersten Krankheitsanzeichen reagieren oder im Verletzungsfall geeignete Erste-Hilfe-Maßnahmen ergreifen, hat es der Tierarzt deutlich leichter, Ihrem Hund wieder auf die Pfoten zu helfen.

IMPFEN – JA ODER NEIN?

Ihr Hund badet gerne in stehenden Gewässern oder wühlt auch mal im Komposthaufen nach Mäusen? Infektionserreger wie die Leptospiren lauern überall. Gerade Welpen und Junghunde bieten ihnen die passende Gelegenheit, da ihr Immunsystem noch nicht voll ausgeprägt ist und dem Krankheitserreger weniger gut Paroli bieten kann. Darum gilt die Empfehlung, den Welpen schon im ersten Lebensjahr gegen die gefährlichsten Infektionskrankheiten zu impfen. Nach einer Grundimmunisierung, die im Regelfall aus einer Erst- und zwei Folgeimpfungen besteht, bildet sich eine belastbare Immunität aus, die den Hund zumindest vor einer ernsthaften Erkrankung bewahrt. Nachfolgend muss der Impfschutz dann nur noch aufgefrischt werden; in welchen Abständen dies notwendig ist, hängt vom Erreger, dem aktuellen Infektionsdruck und dem verwendeten Impfstoff ab. Viele Hundehalter stellen den Nutzen dieser Vorsorgemaßnahme jedoch wegen möglicher Impfreaktionen infrage. Allerdings kommen schwerwiegende Zwischenfälle wie Unverträglichkeitsreaktionen oder anaphylaktischer Schock nur äußerst selten vor. Lokale Reaktionen an der Impfstelle sind häufiger, jedoch meist von geringem Ausmaß und klingen nach ein bis zwei Tagen von selbst wieder ab. Unbestritten ist, dass die Hunde nach der Impfung etwas abgeschlagen sind, schließlich hat ihr Immunsystem ja etwas zu tun bekommen. Damit es sich ganz auf seine eigentliche Aufgabe konzentrieren kann, sollten Sie Ihren Welpen nur impfen lassen, wenn er vollständig gesund ist. Idealerweise haben Sie ihn auch zwei Wochen vorher entwurmt. Wenn Sie es dann nach dem Termin noch etwas ruhiger für Ihren Vierbeiner angehen lassen, hat er die Impfung bestimmt bald gut überstanden.

Impfungen können Ihren Hund vor schwerwiegenden Erkrankungen schützen. Nebenwirkungen sind nicht gänzlich ausgeschlossen, aber in den meisten Fällen nur geringfügig und vorübergehend.

▶ WAS TUN? ◀

IMPFKALENDER

Die Pflichtimpfungen sind in nachfolgender Tabelle aufgeführt. Bei entsprechender Gefährdung kann zusätzlich eine Immunisierung gegen Zwingerhusten, Borreliose, Leishmaniose und Pilzinfektionen erfolgen.

IMPFUNG GEGEN	ERSTIMPFUNG	GRUNDIMMUNI-SIERUNG	FOLGEIMPFUNGEN	WIEDERHOLUNGS-IMPFUNG
Parvovirose	8. Woche	12. und 16.* Woche	nach einem Jahr	alle 3 Jahre
ansteckende Leberentzündung (HCC)	8. Woche	12. und 16.* Woche	nach einem Jahr	alle 3 Jahre
Staupe	8. Woche	12. und 16.* Woche	nach einem Jahr	alle 3 Jahre
Leptospirose	8. Woche	12. und 16.* Woche	nach einem Jahr	jährlich
Tollwut	–	12. und 16.* Woche	nach einem Jahr	alle 1–3 Jahre**

Diese Impfung geht über die gesetzlichen Anforderungen hinaus, wird aber von der Ständigen Impfkommission Veterinär im Bundesverband Praktizierender Tierärzte e. V. empfohlen.
** je nach Angabe des Impfstoff-Herstellers

TIPP

Wichtige Infos zu den hier genannten Krankheiten finden Sie im Glossar (→ Seite 142).

FRÜHERKENNUNG

Auch Welpen und Junghunde dürfen einmal einen Tag haben, an dem sie weniger gut drauf sind. Und selbst bei Durchfall müssen nicht sofort sämtliche Alarmglocken schrillen. Entscheidend ist, wie oft dieser auftritt (einmalig/mehrmalig), wie stark (weicher/flüssiger Kot) und ob Beimengungen (Schleim/Blut) enthalten sind. Einen Tierarzt sollten Sie vor allem dann zurate ziehen, wenn folgende Symptome länger als einen Tag anhalten:
- Appetitlosigkeit: Das Futter schmeckt nicht mehr recht.
- Verhaltensänderungen: Ihr Welpe ist teilnahmslos und schläft viel oder zeigt vermehrt Unruhe.
- Hecheln: Langanhaltendes Hecheln ist nur bei Hitze oder vermehrter Anstrengung normal.
- Fieber: Die Körpertemperatur liegt über 39,0 °C.
- Anhaltendes Erbrechen oder wiederholter Durchfall.

/// CHECKLISTE ///

DAS IST EIN NOTFALL
Hier müssen Sie so schnell wie möglich zum Tierarzt:
- hohes Fieber (> 40 °C) oder Untertemperatur (< 37,5 °C)
- Schwäche, Apathie, Orientierungs- oder sogar Bewusstlosigkeit, »Zusammenbruch«
- torkeliger Gang, Lähmungen, Krampfanfälle, Zittern
- starkes oder vergebliches Erbrechen
- heftiger Durchfall mit Blut oder fehlender Kotabsatz mit starken Schmerzen (angespannte Bauchdecke)
- schnelle, flache Atmung oder erschwerte Atmung
- blasse Schleimhäute, blaue Zunge
- Verstauchungen, Verrenkungen, Knochenbrüche
- ernsthafte, stark blutende Verletzungen aller Art

> ▸ DOGGY STATION ◂

Erste Hilfe ist vor allem bei kleineren Verletzungen angesagt. Wenn es Ihrem Welpen sichtlich schlecht geht, sollten Sie umgehend den Tierarzt aufsuchen.

ERSTE-HILFE-MASSNAHMEN

Der Erkundungsdrang Ihres Welpen ist kaum zu bremsen. Trotz aller Vorsichtsmaßnahmen (→ *Seite 16*) von Ihrer Seite kann dabei auch mal etwas schiefgehen. Gut, wenn Sie entsprechend vorbereitet sind (→ *Checkliste, Seite 85*)!

Fremdkörper verschluckt

Hat Ihr Welpe irgendwelche Kleinteile (Spielzeug, Bürobedarf etc.) verschluckt, so hat sich Sauerkraut als geeignetes Hausmittel erwiesen. Für den Hund größtenteils unverdaulich, umwickelt es den Fremdkörper, sodass dieser, ohne Schaden anzurichten, auf natürlichem Wege ausgeschieden werden kann. Bis dahin sollten Sie Ihren Welpen gut beobachten und den Tierarzt schon mal vorwarnen.

Vergiftung

Typische Symptome bei Vergiftungen sind Krämpfe, Erbrechen, Durchfall, Taumeln und Schocksymptome. Falls die Ursache nachvollziehbar ist, bringen Sie eine Probe davon (Pflanzenreste, Verpackung) samt Ihrem Welpen zum Tierarzt. Ist das Gift bekannt, kann dieser seine Behandlung besser abstimmen. Bei unbekannter Ursache oder nach Aufnahme ätzender Substanzen sollten Sie niemals versuchen, Erbrechen auszulösen. Äußere Verätzungen spülen Sie mit viel klarem Wasser aus, innere lassen sich durch das schluckweise Anbieten von Wasser lindern.

Magendrehung

Voller Bauch tobt nicht gern! Versuchen Sie Ihren Welpen davon abzuhalten, gerade dann besonders wild herumzutoben, wenn er sich kurz zuvor den Bauch vollgeschlagen hat. Bei Hunden besteht dann immer die lebensbedrohliche Gefahr einer Magendrehung. Der Bauch des Vierbeiners ist dann bretthart, er ist unruhig, speichelt und versucht vergeblich zu erbrechen. Hier ist höchste Eisenbahn angesagt. Nur eine sofortige Operation kann das Hundeleben retten!

Verletzungen

Stark blutende Wunden werden mithilfe eines Druckverbandes versorgt. Dazu die Verletzung mit einer sterilen Wundauflage abdecken und mit zwei Lagen Mullbinde fixieren. Darauf als Druckpolster eine verpackte Mullbinde legen und weiter umwickeln. Bei Verbänden an den Pfoten bitte nicht vergessen, die Zehenzwischenräume mit Watte zu polstern. Den Verband von unten nach oben bis über das nächste Gelenk wickeln und dort mit Klebeband fixieren. Starke arterielle Blutungen an den Beinen müssen oberhalb der Wunde abgebunden werden, bis der Tierarzt eintrifft. Die Schlinge aber zwischendurch immer mal wieder lockern. Insgesamt sollte nicht länger als 30 Minuten abgebunden werden, da sonst gesundes Gewebe abstirbt.

Schock

Der Begriff Schock beschreibt eine komplexe Kreislaufstörung, bei der die Blutzirkulation im Kreislauf und damit die Sauerstoffversorgung sämtlicher Organe vermindert ist. Als Ursache kommen neben Herzerkrankungen auch Blut- (Verletzungen) oder Flüssigkeitsverluste (Durchfall) sowie Blutvergiftungen und allergische Reaktionen infrage. Der Körper reagiert, indem er die Blutzufuhr auf die lebenswichtigen Organe beschränkt. Deutlich erkennbares Zeichen hierfür ist, dass die Haut auskühlt. Wickeln Sie Ihren Hund in eine Decke, um ihn warm zu halten. Am besten lagern Sie dabei das Hinterteil höher, das erleichtert den Blutrückfluss zum Herzen. Stillen Sie eventuelle Blutungen, und überprüfen Sie Atmung und Puls. Letzterer lässt sich am besten an der Innenseite des Oberschenkels ertasten. Hat Ihr Hund einen Atem- und/oder Herzstillstand, sind bis zur Ankunft des Tierarztes Wiederbelebungsmaßnahmen notwendig. Legen Sie die Atemwege frei, dann Schnauze zuhalten, die Nase des Hundes mit den Lippen umschließen und ausatmen, bis sich dessen Brustkorb hebt. Für die Herzmassage drücken Sie den Brustkorb des Hundes in Höhe des Herzens zusammen. Kleine und mittelgroße Hunde liegen dabei in rechter Seitenlage, große Hunde auf dem Rücken. Pumpen Sie im Takt zu »Staying alive« – wichtig ist, dass Sie Ihrem Hund helfen und nicht, ob Sie richtig zählen. Sie können hier nichts falsch machen!

/// CHECKLISTE ///

DER ERSTE-HILFE-KOFFER

Diese Dinge sollten Sie für den Ernstfall parat haben:
- Verbandsmaterial (Mullbinden, elastische Binden, Kompressen, Polsterwatte, Pflasterrolle, Verbandsschere)
- Kochsalzlösung zur Spülung von Wunden, Wundsalbe
- Kältespray für Prellungen und Blutergüsse (nicht auf Schleimhäute oder offene Verletzungen bringen)
- Pinzette, Zeckenzange
- Plastikspritzen ohne Nadel zum Eingeben von Medikamenten und Spülen von Augen und Verletzungen

DER RICHTIGE TIERARZT

Vor dem ersten Tierarztbesuch mit Benji habe ich sehr viele Informationen eingeholt. Ich habe mich bei Bekannten mit Hund erkundigt, wo sie so hingehen und wie zufrieden sie dort sind. Teilweise habe ich auch Leute beim Spaziergang gefragt, mit denen ich ins Gespräch gekommen bin. Letztendlich war es wohl aber eine Bauchentscheidung, dass ich jetzt beim Tierarzt meines Vertrauens bin. Mir war sehr wichtig, dass dieser meinen Hund als Patienten wahrnimmt und nicht wie eine Sache behandelt und nur mit mir interagiert. Neben einer guten Qualifikation lege ich Wert auf eine freundliche, offene Art. Sachverhalte und Fragen sollten für mich verständlich erklärt werden. Er sollte sich für mich und Benji Zeit nehmen. Außerdem achte ich sehr darauf, wie der Tierarzt auf meinen Hund eingeht. Angst oder Stress sollte er erkennen und dementsprechend handeln. So empfinde ich es immer als angenehm, wenn Benji nicht unbedingt auf den Tierarzttisch muss, da er sich davor fürchtet. Mein Tierarzt gibt ihm die Spritze dann einfach auf dem Boden. Das finden wir beide viel entspannter.

Denise-Romina Heimann, 23, Hundefan: Sie verbrachte schon seit frühester Kindheit ihre Zeit am liebsten auf dem Hundeplatz. Mit Benji hat sie einen treuen Gefährten, der überallhin mitkommt.

> ENTSCHEIDEND IST, DASS DER TIERARZT DEN HUND ALS EINEN PATIENTEN WAHRNIMMT UND NICHT WIE EINE SACHE BEHANDELT.

JOBS & SPIELE

WIE AUS IHREM WELPEN EIN TREUER UND ANGENEHMER BEGLEITER WIRD

Das gemeinsame Training dient nicht nur dazu, dem Welpen die nötigen Umgangsformen zu vermitteln, sondern festigt auch die Mensch-Hund-Beziehung. Vor allem, wenn immer mal Zeit für ein Spielchen bleibt!

▸ PARTNER FÜRS LEBEN ◂

PARTNER FÜRS LEBEN
AUF EIN GUTES MITEINANDER!

Was ist wichtiger – eine gute Beziehung oder eine gute Erziehung? Für ein entspanntes Miteinander ist beides zwingend erforderlich. Denn nur wenn auf Ihren Hund Verlass ist, kann er Sie überallhin begleiten. Dazu müssen Sie ihm aber auch beibringen, wie er mit den verschiedenen Situationen in Ihrem Alltag zurechtkommen kann.

VIEL MEHR ALS NUR GEHORSAM

Würde man Eltern befragen, was für sie die Erziehung ihrer Kinder ausmacht, so wäre die Antwort wohl kaum, dass auf Ansage der Mülleimer ausgeleert und auf dem Stuhl Platz genommen wird. Das gehört dazu, ganz klar, wichtiger ist jedoch, die Kinder mit Kompetenzen auszustatten, mit denen sie ihr Leben in all seinen Facetten meistern können. Ähnlich ist es bei Ihrem Welpen. Auch hier kommt es nicht nur auf den Gehorsam an. Eine gute Grunderziehung bedeutet, ihm Verhaltensstrategien anzulernen, mit denen er für den Alltag an Ihrer Seite gewappnet ist. Schließlich soll er möglichst viel an Ihrem Leben teilhaben können!

/// INFO ///

Ein Richtziel beinhaltet Anspruch und Zuspruch. Ein mögliches Beispiel: »Unser Hund soll ein wichtiger Teil unserer Familie sein. Wir möchten eine harmonische und vertrauensvolle Beziehung. Er soll ein aktiver Freizeitpartner sein, der uns gerne begleitet. Wir möchten uns auf ihn verlassen können und kümmern uns um seine Bedürfnisse.«

ZIELE DEFINIEREN

Doch wie soll das Zusammenleben mit dem Hund genau aussehen? Welchen Erwartungen muss er gerecht werden? Bei einem Hund, der für eine spezielle Aufgabe bestimmt ist (z. B. Jagdbegleiter, Therapiehund, Rettungshund), wird der Fokus der Erziehung ein anderer sein als bei einem reinen Familienhund. Doch selbst die Ansprüche an einen Begleithund können von Halter zu Halter sehr unterschiedlich ausfallen. Für den einen ist es selbstverständlich, dass

Steht die Beziehung zwischen Ihnen und Ihrem Welpen, wird er sich vertrauensvoll auf die einen oder anderen Abenteuer mit Ihnen einlassen.

der Hund ihn auch aufs Sofa »begleitet«, für den anderen ist die Couch Tabuzone. Und während es für Besitzer kleiner Hunde vollkommen okay oder gar erwünscht ist, dass der Mini sich durch Hochspringen am Bein bemerkbar macht, hat der Halter eines Bernhardiners da meist eine andere Einstellung. Doch ganz gleich, wie großzügig Sie selbst gegenüber der Erziehung Ihres Welpen eingestellt sind, behalten Sie auch die Interessen Ihrer Mitmenschen im Blick. Eine gewisse Grunderziehung muss sein, das garantiert Ihnen beiden entspannte Begegnungen aller Art!

DOMINANZPROBLEME?

Vielleicht erscheint es Ihnen ja wenig kameradschaftlich, dass Sie in Ihrem Mensch-Hund-Team eine Art übergeordneter Partner sein sollen, der dem Kumpel vorgibt, nach welchen Regeln das Zusammenleben laufen soll? Sehr schnell ist dann von Dominanz die Rede, ein Begriff, der eher negativ belegt ist und bei vielen das Bild einer hierarchischen Gemeinschaft heraufbeschwört, in der das Recht des Stärkeren gilt. Dabei bezeichnet er zunächst nur die Beziehung zwischen zwei Individuen, und diese ist immer situationsabhängig. Ein Wolf oder Hund, der sich unter bestimmten Umständen einem anderen gegenüber dominant verhält, kann im nächsten Augenblick derjenige sein, der dominiert wird. Einen generell dominanten Hund gibt es also nicht. Dafür aber Individuen, die in vielen Situationen Entscheidungen fällen und die Führung übernehmen und denen andere dann gerne folgen. So weiß man heute, dass ein Wolfsrudel einen Familienverband aus Vater-Wolf, Mutter-Wolf und dem Nachwuchs aus den vergangenen zwei bis drei Jahren darstellt. Die Leitung liegt meist beim Wolfspaar. Aufgrund seiner Erfahrung weiß es das Überleben des Rudels zu sichern und gegen Gefahren zu verteidigen, aber auch Regeln vorzugeben, die ein harmonisches Miteinander der Gruppe ermöglichen. Bei entsprechend souveräner Ausstrahlung sind die anderen Rudelmitglieder bereit zu kooperieren. Welpen genießen in ihrer Familie nur in den ersten Lebenswochen Narrenfreiheit, danach müssen auch sie lernen, was erlaubt ist, und was nicht.

RUDELFÜHRER GESUCHT

Sie sehen, Ihr Welpe bringt schon von Natur aus eine hohe Bereitschaft mit, sich in eine Gruppe einzuordnen, bestimmte Regeln zu akzeptieren und sich an einer Leitfigur zu orientieren. Diese zeichnet sich jedoch nicht durch körperliche Überlegenheit und Kampfbereitschaft aus, sondern durch eine souveräne Ausstrahlung und situationsgerechtes Handeln. Orientieren Sie sich an diesen Eigenschaften! Wenn Sie Ihren Welpen schon vom ersten Tag an von Ihren Führungsqualitäten überzeugen (→ Seite 42), dann wird er sich Ihnen auch vertrauensvoll anschließen und sich nach Ihren Regeln richten. Zumal Erziehung ihn nicht in seiner persönlichen Freiheit einschränkt, sondern Freiräume schafft! Ein Hund, der zuverlässig auf Rückruf reagiert, darf draußen auch mal ohne Leine laufen. Verträgt er sich noch dazu mit anderen Zwei- und Vierbeinern, steht einem fröhlichen Spiel nichts im Wege. Und bestimmt findet es Ihr Youngster viel besser, in der Stadt an Ihrer Seite »bei Fuß« zu gehen, statt zu Hause allein auf Sie zu warten.

BEZIEHUNGSARBEIT

Gleichzeitig ist das gemeinsame Training auch eine prima Gelegenheit, um Ihre Mensch-Hund-Beziehung weiter auszubauen und zu vertiefen. Denn es ist eine Zeit, in der Ihr Hund nicht nur »mitläuft«, sondern in der Sie sich gezielt mit ihm beschäftigen. Ob ausgelassenes Spiel, Nasenarbeit

Auch wenn er noch so knuddelig aussieht – er wird groß. Weisen Sie Ihrem Welpen einen guten Weg, dann bleibt Ihre Beziehung auch später entspannt, und es bietet sich viel Gelegenheit zum Kuscheln.

oder Erziehungsübungen ist ihm zunächst ganz gleich. Schließlich macht ihm ja auch das Lernen Spaß, solange er sich mit Ihnen über gemeinsame Erfolge freuen kann.

TAKTGEFÜHL

Erfolg oder Misserfolg entscheidet bei Ihrem Hund darüber, ob er ein bestimmtes Verhalten beibehält oder es in Zukunft besser meidet (→ Seite 10–11). Natürlich wird es das Ziel eines jeden Hundehalters sein, den Vierbeiner auf der Erfolgsspur zu halten und ihm möglichst viel über positive Erfahrungen beizubringen. Doch manchmal ist es auch nötig, ihm Grenzen zu setzen. Als fairer Partner geben Sie ihm jedoch nicht nur zu verstehen, was er gerade nicht tun soll, sondern zeigen ihm zugleich eine alternative Verhaltensweise auf, also etwas, was er stattdessen machen darf und was Sie dann wieder belohnen können. So verschiebt sich die Gewichtung vom Fehlverhalten hin zum erwünschten Verhalten, und schon ist die Situation wieder entspannt. Gut so, denn Stress behindert den Lernerfolg Ihres Vierbeiners. Genauso wie Überforderung! Verhelfen Sie Ihrem Youngster darum auch immer mal wieder zu einer Auszeit. Denn auch der Ruhemodus will erlernt sein.

/// CHECKLISTE ///

EINE INTAKTE BEZIEHUNG

Kennzeichen eines guten Mensch-Hund-Teams sind:
- In neuen und verunsichernden Situationen sucht der Hund Kontakt zum Halter, den dieser ihm auch gewährt.
- Der Hund orientiert sich unterwegs am Menschen und sucht immer wieder den Blickkontakt.
- Der Mensch erkennt die Bedürfnisse seines Hundes und reagiert angemessen.
- Der Hund kann auch entspannt einige Zeit ohne seinen Menschen verbringen.
- Hund und Mensch sind bereit miteinander zu kooperieren und haben gemeinsam Spaß.
- Der Hund akzeptiert Grenzen, die sein Mensch setzt.
- Mensch und Hund vertrauen einander.

GEMEINSAM AKTIV SEIN

Gemeinsam jeder Herausforderung gewachsen sein – das fördert eine vertrauensvolle Bindung! Besonders bewährt haben sich folgende Übungen:

1. »Mutproben«, bei denen Hund und Halter Hindernisse bewältigen müssen: Versuchen Sie z. B., gemeinsam über einen Baumstamm zu balancieren, über eine Wippe zu laufen oder durch einen Tunnel zu rennen. Doch Vorsicht: Führen Sie den Kleinen mit Bedacht und gut gesichert an das Hindernis heran, damit er sich nicht verletzt!

2. Suchspiele: Ganz gleich, ob er Gegenstände oder Menschen suchen, finden und anzeigen muss, Fährten verfolgen oder Gerüche unterscheiden soll – hier kann Ihr Junghund zeigen, was in ihm steckt!

3. Apportieren: Ihr Welpe bringt verschiedene Dinge zu Ihnen. Reine Wurfspiele besser vermeiden, sie fördern das Beutefangverhalten und machen Ihren Mini zum »Balljunkie«.

KAUF EINEN JUNGEN HUND, UND DU WIRST FÜR DEIN GELD WILD ENTSCHLOSSENE LIEBE BEKOMMEN (R. KIPLING).

Gemeinsam etwas erleben, fröhlich zusammen spielen, aber auch hoch konzentriert miteinander arbeiten und sich am Ende über den Erfolg freuen – all das sind Erlebnisse, die das Mensch-Hund-Team fest zusammenschweißen.

▶ JOBS & SPIELE ◀

TRAININGSZUBEHÖR
DAS GEHÖRT DAZU

Alle Hände voll zu tun? Kein Problem! Es gibt ein paar nützliche Hilfsmittel, die sich beim Training mit dem Hund einfach bewährt haben. Sei es, weil Sie Ihrem Vierbeiner das Lernen leichter machen oder Ihnen freie Hand verschaffen.

LECKERCHENBEUTEL

Ein Must-have, um die Belohnung im richtigen Moment griffbereit zu haben! Ideal sind Beutel, die sich am Gürtel befestigen und gut verschließen lassen, zudem sollten sie waschbar sein.

SCHLEPPLEINE

Die Schleppleine ist 5–8 m lang und ideal für Übungen über größere Entfernungen hinweg. Der Vierbeiner lernt, Ihre Signale auf Distanz umzusetzen, Sie haben ihn dabei aber noch unter Kontrolle. Je weniger »Kommunikation« zwischen Leine und Hund, desto mehr Chancen bestehen später auf Freilauf.

PYLONEN, STANGEN & CO

Wenn Sie beim Umrunden von Objekten immer wieder über Ihren Welpen stolpern, wird es Zeit für ein gezieltes Training. Pylonen und Stangen helfen dabei. Sind diese aus leichtem Material hergestellt, ist die Verletzungsgefahr für Sie beide geringer.

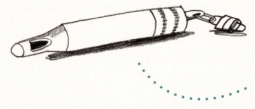

HUNDEPFEIFE

Zu ihren Vorzügen zählt nicht nur die große Reichweite, sondern auch, dass das Signal gleichbleibend und stimmungsneutral ist. Denn welcher Hund möchte schon zu einem verstimmten Besitzer zurückkommen?

▸ TRAININGSZUBEHÖR ◂

CLICKER

Klingt wie ein Knackfrosch, doch selbst komplexe Übungen, wie etwa die Zeitung aus dem Briefkasten holen, lassen sich damit locker und leicht trainieren. Allerdings erst mit etwas Anleitung. Wie's geht, erfahren Sie auf → *Seite 112–113*.

FUTTERDUMMY

Ein mit Leckerchen gefüllter Dummy wird auch skeptische Hunde vom Sinn des Apportierens überzeugen. Hier ist Teamwork gefragt: Er apportiert – Sie öffnen den Reißverschluss.

DUMMYS

Gibt's im Handel in den verschiedensten Formen und Größen und sind allein für die Apportierarbeit gedacht. Größe und Schwere müssen dem Gewicht Ihres Welpen angepasst sein. Im Sommer der Renner: schwimmfähige Dummys!

GELASSENHEIT

Heute will aber auch gar nichts klappen?! Keep cool! In solchen Fällen sollten Sie dann sieben grade sein lassen und eine Einheit aussetzen. Für Ihren Welpen ist das allemal besser so. Denn Trainieren macht nur Spaß und zeigt Erfolg, wenn Sie bei guter Laune sind.

JOBS & SPIELE

ALLES GECHECKT?
MIT HUNDEN TRAINIEREN

Manche Verhaltensweisen müssen Sie Ihrem Welpen gezielt antrainieren, um ihm den notwendigen »gesellschaftlichen Schliff« zu geben. Wenn Sie ihm hundegerecht vermitteln, worauf es Ihnen ankommt, dann wird der Lernerfolg bestimmt nicht lange auf sich warten lassen!

»VOLL DER CHECKER«

Der größte Wunsch Ihres Welpen nach dem Einzug ist, sich einen Platz in Ihrem Leben zu erobern. Von Natur aus mit hoher sozialer Kompetenz ausgestattet, ist er ein wahrer Meister darin, anhand Ihrer Reaktionen abzuchecken, welches Verhalten sich für ihn lohnt und welches nicht. In einer Art »Kosten-Nutzen-Analyse« eignet er sich erfahrungsbedingt andere oder neue Verhaltensstrategien an, um in seinem Umfeld gut klarzukommen.

Beschäftigen Sie sich auch draußen viel mit Ihrem Hund. So sieht er Ihre Unternehmungen sicher als gemeinsamen Ausflug an und nicht als »Singletreff«. Das stärkt Ihre Mensch-Hund-Beziehung ungemein.

AUS ERFAHRUNG WIRD MAN KLUG

Lernen aus Erfolg und Misserfolg – diese Strategie können Sie sich zunutze machen, um Ihrem Welpen gezielt Verhaltensweisen anzutrainieren. Man bezeichnet das auch als operante Konditionierung. Sie stellt eine wichtige Methode in der Hundeerziehung dar. Wichtig dabei ist, dass Ihr Welpe lernt, zwei Ereignisse miteinander in Verbindung zu bringen, also z. B. das Signal »Sitz« mit der Handlung »Hintern auf den Boden«. Dies kann jedoch nur dann gelingen, wenn beides nahezu zeitgleich oder zumindest unmittelbar nacheinander passiert. Als Richtwert: Zwischen beiden Ereignissen sollten nicht mehr als 0,5 Sekunden liegen. Klingt kompliziert? Nicht, wenn Sie Ihrem Welpen zunächst ganz ohne Zeitdruck erklären, was er eigentlich tun soll. Erst wenn er die gewünschte Handlung, in unserem Beispiel das »Sitz«, sicher beherrscht, führen Sie auch das entsprechende Signal dazu ein. Doch keine Sorge, das werden wir Ihnen nachfolgend noch Schritt für Schritt erklären (→ Seite 102). Hat Ihr Welpe das richtige Verhalten gezeigt, dann muss natürlich auch prompt die Belohnung erfolgen, am besten nur ein bis zwei Sekunden später, damit er beides in Zusammenhang bringen kann. Schließlich muss sich das Ganze ja auch gelohnt haben.

> ► ALLES GECHECKT? ◄

Gerade beim Belohnen fällt das korrekte Timing nicht immer leicht. Denn wer möchte hier kein Leckerchen zücken oder den Welpen streicheln?

DAS RICHTIGE TIMING

Der Erfolg der operanten Konditionierung hängt also wesentlich vom korrekten Timing ab. Andernfalls entstehen Fehlverknüpfungen. Führen Sie das Signal »Sitz« wirklich erst in dem Moment ein, wenn Ihr Welpe weiß, was zu tun ist und sein Hinterteil pflichtgemäß den Boden berührt. Fordern Sie stattdessen das »Sitz« verbal ein, während er noch ratlos vor Ihnen steht, wird er das Signal mit dem Stehenbleiben verbinden. Genauso wichtig: Belohnen Sie Ihren Vierbeiner nur dann, wenn er korrekt sitzt. Streckt er sich schon nach dem begehrten Leckerli und geht dabei mit dem Hinterteil nach oben, so würden Sie ihn nicht für das Sitzen, sondern für das Aufstehen belohnen. Sie sehen, beim Training ist Konzentration angesagt!

BELOHNUNG ODER BESTECHUNG?

Wollen Sie Ihren Welpen in einem bestimmten Verhalten bestärken, so sollte ihm eine besonders reizvolle Belohnung winken. Klar, dass man angesichts des ständig hungrigen Hundekinds dabei zuerst einmal an Leckerchen denkt. Es gibt aber auch viele Halter, die sich wünschen, dass ihr Hund auf sie als Person hört, und nicht, weil er einen Keks dafür bekommt. Er soll weder »bestochen« werden, noch wollen sie sich bei ihm »einschleimen«. Dazu Folgendes:

• Bei der operanten Konditionierung geht es darum, dem Welpen eine gewünschte Handlung beizubringen. Dabei benötigen Sie oftmals Hilfsmittel, um ihn in die richtige Stellung, wie etwa das »Platz«, zu bekommen (→ Seite 104).
• Leckerchen stellen eine besonders attraktive Belohnung dar, entsprechend motiviert arbeitet Ihr Welpe mit.
• Die Übung wird nur so lange unter Zuhilfenahme von Leckerchen trainiert, bis Ihr Youngster diese verstanden hat und erfolgreich umsetzt. Und das bitte ganz entspannt.
• Danach müssen Sie nicht mehr jede korrekte Handlung belohnen und können die Belohnungshappen so nach und nach abbauen und durch andere Lobarten ersetzen.

/// **TIPP** ///

Ihr Hund setzt ein bereits erlerntes Signal nicht zuverlässig um? Dann sollten Sie überprüfen, ob KIT erfüllt ist: Konsequenz: Reagiere ich immer konsequent? Intensität: Kann mich mein Hund (angstfrei) verstehen? Timing: Habe ich zeitlich korrekt auf die Handlung reagiert, sodass sich mein Welpe orientieren kann?

› JOBS & SPIELE ‹

Kleine Übungseinheiten reichen aus. Das bedeutet, dass gerne spontan und unter Ablenkung trainiert werden darf, wenn die Situation danach ist!

Je nach Herangehensweise differenzieren wir zwischen Grund- und Aufbautraining.

Grundtraining

Im Grundtraining ist unser Hund noch »roh«, er hat das Signal noch nicht mit der Handlung verknüpft. Damit er weiß, was zu tun ist, müssen Sie ihm die gewünschte Handlung zunächst zeigen, um dann im späteren Trainingsverlauf das Signal einzuführen. Damit er beides korrekt verknüpft und die richtige Reaktion zeigt, sollte der Übungsaufbau stimmen. Jedes gewünschte Verhalten loben und belohnen Sie, Fehlverhalten ignorieren Sie. Bei Misserfolg wird die Übung neu angesetzt. Trainieren Sie in einer reizarmen Umgebung, damit Ihr Hund gedanklich bei Ihnen ist. Lässt seine Konzentration nach, so beenden Sie die Trainingseinheit mit einer leichten Übung, die er zuverlässig ausführt. So können Sie ihn zum Abschluss noch einmal belohnen, und er sieht dem nächsten Training wieder entspannt und mit großer Freude entgegen!

Aufbautraining

Hat Ihr Welpe die Verknüpfung zwischen einem Signal und einer Handlung hergestellt, befinden Sie sich im Aufbautraining. Nun können Sie die Leckerchen ausschleichen und variabel bestätigen. Das bedeutet, dass Ihr Youngster nur noch jedes zweite oder dritte Mal eine Belohnung erhält. Doch hüten Sie sich vor zu viel Regelmäßigkeit! Er könnte sonst schnell herausfinden, wann es sich lohnt zu parieren … Im Aufbautraining besteht nun auch die Gelegenheit zum »Feintuning«. Beispielsweise können Sie Ihren Hund – sofern bekannt – mit einem »nöö – nöö« mitteilen, dass er sich auf Ihr Signal »Sitz« nicht hinlegen, sondern hinsetzen soll. Andererseits lohnt es auch, sich selbst im Auge zu behalten. Körperhaltungen, die nicht zur Übung gehören, sollten Sie gleichfalls nach und nach ausschleichen. Ein Beispiel: Viele Hundehalter gehen bei dem Signal

STUFENWEISE

Zusammenfassend lässt sich also feststellen, dass es zwei Trainingszustände bei einem Hund gibt. Entweder hat er verstanden, dass ein Signal eine Handlung zur Folge hat oder noch nicht. Wenn es hakt, sollten Sie sich also immer die Frage stellen: Kann er nicht, oder will er nicht? Beides hat nämlich unterschiedliche Konsequenzen im Training zur Folge. Hat er bislang nicht verstanden, was er tun soll, müssen Sie die Übung mit ihm noch einmal von Grund auf trainieren. Gehen Sie nie davon aus, dass es dem Hund logisch erscheint, sich bei »Sitz« niederzulassen, nur weil das in Ihrem Sprachgebrauch die passende Vokabel ist. Hat er das Signal bereits verknüpft, will aber nicht mitarbeiten, müssen Sie das gewünschte Verhalten noch festigen.

»Platz« in die Hocke, wünschen sich aber, dass der Hund nur auf das gesprochene Wort reagiert. Für den ist aber klar, dass er sich nur hinlegt, wenn er das Signal hört und Frauchen kniet. Prüfen Sie gut, welche Körperbewegungen Sie wirklich für die Übung benötigen, und trennen Sie sich von unnötigem Ballast. Umso klarer und verständlicher wirken Sie auf Ihren Vierbeiner. Nicht zuletzt ist es im Aufbautraining an der Zeit, den Grad der Ablenkung zu steigern, unter dem Ihr Hund die Übung richtig umsetzen soll.

/// **TIPP** ///

Um ein neues Signal zu etablieren, setzen Sie es zeitlich unmittelbar vor eine bereits bekannte Handlung. Möchten Sie dann doch lieber ein Handzeichen nutzen als das bereits bekannte Hörzeichen, führen Sie das optische Signal etwa 0,5 Sekunden vor dem »Sitz« ein. Der Hund wird es wahrnehmen, und das »Sitz« kann nach und nach entfallen.

ABNUTZUNGSERSCHEINUNGEN

Stellen Sie sich vor, Sie haben lange daran gearbeitet, dass Ihr Hund auf Rückruf zuverlässig kommt. Nun laufen in etwa 300 m Entfernung Spaziergänger mit zwei Hunden an Ihnen vorbei. Weil Ihr Vierbeiner gut abrufbar ist, lassen Sie ihn laufen. Doch diesmal rennt er zu seinen Artgenossen und findet die beiden so interessant, dass er nicht auf Ihr Signal reagiert. Sie müssen Ihren Hund eigenhändig zu sich holen ... Geschieht das öfter, verliert das Signal für Ihren Hund an Relevanz. Denn er hat gelernt: Habe ich beim Signal »Hier« nichts anderes vor, dann komme ich. Möchte ich aber lieber mit anderen Hunden spielen, dann hat es für mich keine Bedeutung. Irgendwann wird es zu einem Ratespiel, ob Ihr Hund auf Abruf kommt oder nicht. Aus diesem Grund ist es sehr wichtig, den Hund im Aufbautraining nur dann zu rufen, wenn Sie sich ganz sicher sind, dass er auf das Signal reagiert. Es muss weiterhin die Verknüpfung zwischen dem Signal (»Hier«) und der gewünschten Handlung (Herankommen) wiederholt und vertieft werden. Dann klappt's auch unter Ablenkung!

POSITIV DENKEN!

1. Negativ: »Setz dich hin, und steh nicht auf!«
Positiv: »Setz dich hin, und dann lerne, sitzen zu bleiben!«

2. Negativ: »Steh bloß nicht auf!«
Positiv: »Das machst du gut, ich finde es toll, dass du immer noch sitzt!«

3. Negativ: »Hoffentlich steht er nicht auf!«
Positiv: »Ich bemerke, dass du immer noch sitzt und freue mich darüber. Ich weiß, du wirst gleich aufstehen. Aber darauf bin ich gefasst und werde dir helfen, wieder das richtige Verhalten zu zeigen.«

4. Negativ: »Mist, er ist aufgestanden!«
Positiv: »Aha, das ist also der Ablenkungsgrad, bei dem du aufstehst!«

5. Negativ: »Du solltest doch sitzen bleiben!«
Positiv: »Das war noch nicht richtig. Komm, setz dich wieder und lerne, auch in dieser Situation brav sitzen zu bleiben.«

PLANEN SIE DAS GRUNDTRAINING SCHRITT FÜR SCHRITT DURCH, UND HALTEN SIE ALLES SCHRIFTLICH FEST.

Als Profi der nonverbalen Kommunikation versteht sich Ihr Hund darauf, selbst feinste Nuancen Ihrer Stimmungslage auszuloten. Darum ist Ihre innere Einstellung im Aufbautraining ausgesprochen wichtig.

▶ JOBS & SPIELE ◀

KOMMUNIKATION
WIE SAG ICH'S MEINEM HUND?

Hunde verständigen sich untereinander überwiegend durch optische und olfaktorische Signale. Darum achtet auch Ihr Welpe auf jedes noch so kleine Detail Ihrer Körpersprache und Mimik, um Ihr Verhalten richtig interpretieren zu können. Kein Wunder also, dass er Sichtzeichen schneller begreifen und erlernen kann als akustische Signale.

Kontaktaufnahme erwünscht? Statt den Kopf zu tätscheln, ist es besser, den Hund seitlich am Hals zu kraulen.

KOMMUNIKATIONSPANNEN

Vielleicht ist es Ihnen ja genau so passiert? Ein guter Bekannter will Ihr neues Familienmitglied freudig begrüßen. Er beugt sich zu Ihrem Welpen herunter, blickt ihn freundlich lächelnd an und tätschelt ihm kameradschaftlich den Kopf. Aus Sicht Ihres Welpen ist hierbei einiges schiefgelaufen. Er empfindet allein schon das Vornüberbeugen als bedrohlich, von der Blickfixierung und dem Zähnezeigen – unter Hunden eindeutige Drohgebärden – gar nicht zu reden! Soll der Welpe Ihren Bekannten künftig mit Freude empfangen, dann muss die Begrüßung anders laufen. Besser ist es, dabei aufrecht stehen zu bleiben und ihm entspannt die Hand hinzuhalten. So kann er selbst das Tempo der Kontaktaufnahme bestimmen.

MIT RUHIGER HAND

Das Gleiche gilt auch, wenn Sie mit Ihrem Welpen trainieren. Beugen Sie sich nie über ihn, wenn Sie mit ihm sprechen, schon gar nicht, wenn Sie ihn loben. Bleiben Sie stattdessen gerade stehen, oder wenden Sie sich leicht ab. Hunde begegnen sich auch nicht frontal, sondern »machen einen Bogen umeinander«. Alternativ gehen Sie in die Hocke und sprechen dann mit Ihrem Welpen. Achten Sie auch darauf, Ihre Hände ruhig zu halten. Für den Hundegeschmack gestikulieren wir Menschen viel zu viel. Auch das Tätscheln des Kopfes empfinden sie eher als Demonstration von Stärke denn als Liebesbeweis. Eine entspannte Hand hingegen baut Vertrauen auf, vermittelt Sicherheit und Verlässlichkeit. Ihr Mini sollte Ihre Hand nur positiv kennenlernen. Darum ist es wichtig, dass Sie Ihren Hund bei gemeinsamen Unternehmungen durch ein »Sitz« oder »Platz« fixieren können. Setzt er die Signale sicher um, müssen Sie ihn weder festhalten noch sich vornüberbeugen. So bleibt die Kommunikation entspannt.

HALTUNGSNOTEN

Ihr Welpe braucht einen Leader-Typ (→ Seite 42), Sie erinnern sich? Allein schon durch Ihre Körperhaltung können Sie ihm zu verstehen geben, dass er in dieser Hinsicht bei Ihnen genau an der richtigen Adresse ist. Aufrechte Körperhaltung, gestraffte Schulter – das strahlt Souveränität und Autorität aus. Mit Ihnen an der Seite fühlt sich Ihr Welpe jeder neuen Aufgabe gewachsen, spürt aber auch, dass Sie Signale verlässlich umgesetzt sehen wollen und keinen Unfug dulden. Andernfalls würden Sie ihn ruhig, aber konsequent in seine Grenzen verweisen. Will er bei-

KOMMUNIKATION

spielsweise nicht im »Platz« bleiben und stattdessen aufspringen und Ihnen hinterherjagen, so genügt oft schon ein energischer Schritt auf ihn zu, damit er sich eines Besseren besinnt. Wollen Sie ihn dagegen überreden, Ihnen zu folgen, so vermeiden Sie es besser, ihm bedrohlich entgegenzugehen und wenden sich lieber von ihm ab. Schon kommt er gerne nach, denn Zurückbleiben ist ja nicht seine Sache.

IMMER GUT DRAUF

Genauso untrüglich wie Ihre Körpersprache weiß der Welpe Ihre jeweilige Stimmungslage auszuloten. Sind Sie beispielsweise mit Ihren Gedanken in weiter Ferne, so kann es durchaus sein, dass er die eine oder andere Entscheidung selbst trifft und lieber zum Jagen geht, als Ihrem Rückruf zu folgen. Nur wenn Sie ganz bei der Sache sind, wird auch er konzentriert mitarbeiten. Spürt er dann noch Ihre positive Grundeinstellung (→ *Seite 97*), so steht einem stressfreien, erfolgreichen Training nichts mehr im Wege.

SIGNALE

Mit ein bisschen Übung können Sie Ihrem Welpen beibringen, auf ein Signal hin ein bestimmtes Verhalten zu zeigen (→ *Seite 94*). Prinzipiell unterscheidet man Hörzeichen von Sichtzeichen. Da Hunde auch untereinander über optische Signale kommunizieren, sind diese für sie leichter zu erlernen als akustische Signale. Letztere sind dafür selbst über größere Entfernungen hinweg noch gut wahrnehmbar.

In der Ruhe liegt die Kraft – auch bei diesem Team. Sie lassen sich durch nichts voneinander ablenken. Erfolg ist vorprogrammiert.

Ein Mann – ein Hund! Männer kommunizieren anders mit Hunden als Frauen. Kein Problem – Ihr Welpe kann sich jeweils darauf einstellen!

Doch Vorsicht: Im Zusammenleben mit Ihnen hat Ihr Welpe ein sehr feines Gespür für Ihre jeweilige Tonlage entwickelt. Wenn Sie ihn zu sich rufen, sollten Sie sich also um einen recht freundlichen Tonfall bemühen. Ist wie beim Rückruf eine größere Distanz zu überbrücken, fällt dies allein schon wegen der erforderlichen Lautstärke nicht immer leicht. In solchen Fällen hat sich die Hundepfeife als emotional neutrales Signal bewährt (→ *Seite 92*).

DEN DIALOG FÖRDERN

Trotz aller Tipps klappt die Kommunikation nicht so recht? Filmen Sie sich beim Training, und beobachten Sie Ihre Körpersprache. Denn es kann gut sein, dass Sie Ihre Rolle zwar umsetzen möchten, aber dies noch nicht mit Leichtigkeit tun. Finden Sie im nächsten Schritt heraus, warum Sie nicht entspannt waren. Und dann packen Sie's an!

TIPP

Lassen Sie sich immer mal wieder von einem Hundetrainer auf die Finger schauen. Feedback ist wichtig!

▶ TO DOS ◀

TO DOS
DIE WICHTIGSTEN ÜBUNGEN

Für ein entspanntes Zusammenleben mit Ihnen und anderen Mitmenschen kommt Ihr Welpe um eine gewisse Grunderziehung nicht herum. Kein Problem: Wenn Sie die Übungseinheiten richtig aufbauen, werden Sie beide großen Spaß »bei der Arbeit« haben und gegenseitig Ihre Stärken und Schwächen respektieren lernen.

DER RICHTIGE RAHMEN
Am besten lernt Ihr Hund in entspannter Atmosphäre. Was Sie hierfür berücksichtigen müssen? Ganz einfach:

- Trainieren Sie nur dann mit Ihrem Welpen, wenn Sie selbst »gut drauf« sind und Lust dazu haben. Denn Ihre Stimmung überträgt sich auf den Hund. Zeitdruck, Ungeduld oder verhaltener Ärger behindern seinen Lernerfolg.
- Wir alle haben mal einen schlechten Tag, so auch Ihr Welpe. Damit er Spaß an Ihren gemeinsamen Aktivitäten hat, sollte er ausgeschlafen und hellwach sein, dazu hoch motiviert, seine Fähigkeiten unter Beweis zu stellen.
- Mit der richtigen Belohnung lernt es sich leichter. Ob Futter oder Spielzeug darf Ihr Welpe entscheiden.
- Falls die Wahl auf Leckerchen gefallen ist, sollten Sie eines bedenken: Ein hungriger Hund ist schneller zu motivieren als ein satt gefütterter. Und voller Bauch studiert bekanntermaßen ja nicht gern, sondern könnte während des Trainings Bauchschmerzen verursachen.

STRESSFREI
Hoch konzentriertes Arbeiten ist immer mit etwas Anspannung verbunden. Das erhöht zwar die Aufnahmefähigkeit, darf aber keinesfalls zum Dauerzustand werden. Darum:

- Wählen Sie die Übung passend zum Trainingsstand Ihres Welpen aus, und trainieren Sie nur so lange, wie sich Ihr Vierbeiner gut konzentrieren kann. Besser zweimal fünf Minuten täglich statt einmal eine halbe Stunde.
- Hören Sie immer auf, wenn es am schönsten ist. Denn so beenden Sie das Training mit einem positiven Ergebnis.
- Ihr Welpe setzt eine neue Übung prima um, dann aber plötzlich nicht mehr? Schuld daran ist das sog. Lernloch, ein Einbruch in der Lernleistung. Zeit für eine Pause!

Sie werden überrascht sein, wie sehr sich Ihr Hund freut, wenn Sie mit ihm zusammen trainieren. Das aber nicht nur, weil er etwas Neues lernt, sondern weil es Ihre gemeinsame Zeit ist.

»SITZ«

Diese Übung erleichtert viele Alltagssituationen, z. B. wenn Sie Ihren Welpen an- bzw. ableinen wollen oder er geduldig auf seine Mahlzeit warten soll. Führt er »Sitz« auch auf Distanz aus, ist zudem jede Kollisionsgefahr mit Radfahrern oder Joggern gebannt.

Üben Sie an vielen verschiedenen Orten, damit Sie Ihren Welpen jederzeit und überall zuverlässig in die Sitzposition bringen können.

Das lernt Ihr Welpe schnell! Hunde setzen sich meist von sich aus und sehr gerne auf ihr Hinterteil. Darum ist es auch nicht schwer, ihnen die Übung »Sitz« beizubringen.

1 Trainieren Sie die ersten Schritte am besten in reizarmer Umgebung, z. B. bei Ihnen zu Hause. Ihr Welpe steht bei Ihnen und blickt Sie aufmerksam an. Nehmen Sie ein Leckerchen zwischen Daumen und Mittelfinger, der Zeigefinger bleibt frei. Diesen brauchen Sie später für das Sichtzeichen. Führen Sie das Leckerchen nun zuerst an die Nase Ihres Welpen, damit er den verheißungsvollen Duft schon mal erschnuppern kann, und dann über Nase und Kopf nach hinten. Ihr Welpe wird der Hand natürlich versuchen zu folgen und dabei seinen Kopf nach hinten und oben

Die Nase Ihres Welpen folgt dem Leckerchen zuverlässig nach hinten und oben. Dabei geht das Hinterteil ganz von selbst nach unten.

Hat Ihr Welpe den Bewegungsablauf nach mehreren Wiederholungen verstanden, können Sie das entsprechende Sichtzeichen einführen.

Für Fortgeschrittene: Damit das »Sitz« auch unter Ablenkung klappt, muss Ihr Welpe die Übung durch viele Wiederholungen in reizarmer Umgebung verinnerlicht haben.

▶ »SITZ« ◀

Ist Ihr Welpe entspannt und kann mit einem guten Gefühl ins »Sitz« gehen, dann verweilt er auch gerne länger und kann in Ruhe abwarten, bis es wieder weitergeht.

bewegen. Intuitiv setzt er sich dabei ab, da dies die wesentlich bequemere Haltung ist. Dafür belohnen Sie ihn umgehend mit dem heiß ersehnten Leckerchen. Diese Übung sollten Sie ein paar Tage wiederholen, bis die Handlungsabfolge flüssig sitzt und Ihr Hund genau weiß, was er tun soll.

2 Ihr Welpe hat inzwischen verstanden, dass die führende Hand ihn zum Hinsetzen auffordert. Nun können Sie das entsprechende Signal einführen. Der beste Zeitpunkt dafür ist unmittelbar bevor Sie ihn mit der Hand in die Sitzposition lenken. Wenn Sie dabei gleichzeitig den Zeigefinger heben, verknüpft er direkt Sicht- und Hörzeichen.

3 Sobald Ihr Welpe die Übung sicher und zuverlässig ausführt, können Sie den Schwierigkeitsgrad langsam steigern. Trainieren Sie zunächst an Orten mit größerer Ablenkung. Neben Ihrem Garten mit all seinen verlockenden Gerüchen bietet sich der gemeinsame Spaziergang an, bei dem Sie auf andere Menschen und Vierbeiner treffen. Eine besondere Herausforderung ist zudem, das »Sitz« aus der Bewegung heraus einzuüben, also wenn Ihr Welpe gerade neben Ihnen läuft. Die Profis unter den Vierbeinern lassen sich auch auf Distanz in die Sitzposition rufen.

Zu guter Letzt: Bitte vergessen Sie auf keinen Fall, die Übung nach angemessener Zeit aufzulösen (→ *Seite 110*) –, und zwar bevor der Welpe diese selbst beendet. Als sein Freund und Partner achten Sie jedoch darauf, seine Geduld anfangs nicht allzu sehr zu strapazieren. Mit zunehmender Übung können Sie ihn dann auch länger im »Sitz« belassen.

Falls Ihr Jungspund versuchen sollte, das Leckerchen durch Hochspringen aus Ihrer Hand zu schnappen, so hilft es, diese etwas tiefer zu nehmen und die Belohnung so lange in der Faust verschlossen zu halten, bis er von sich aus sein Hinterteil auf den Boden bewegt. Vermeiden Sie unbedingt, dabei ständig das Signal zu wiederholen!

TIPP

Bitte niemals das Hinterteil Ihres Welpen mit der Hand auf den Boden drücken. Er könnte dies als beängstigend empfinden!

/// ZIELDEFINITION ///

Schreiben Sie sich zunächst auf, welches Trainingsziel Sie erreichen wollen. Je genauer die Definition, desto besser können Sie Ihren Hund anleiten, durch die Übung führen und korrigieren – falls nötig.

Was? Mein Welpe soll sich mit seinem Hinterteil auf den Boden setzen und die Vorderbeine durchstrecken.
Wann? Er soll das gewünschte Verhalten innerhalb von zwei Sekunden nach meinem Sichtzeichen (erhobener Zeigefinger) und meinem Hörzeichen (»Sitz«) zeigen.
Wo? Er soll sich überall dort hinsetzen, wo er mein Hör- oder Sichtzeichen wahrnimmt.
Wie lange? Er soll so lange sitzen bleiben, bis er ein Folge- oder Auflösesignal bekommt.
Tipp: Natürlich ist das nur ein Beispiel für eine Zieldefinition. Sie können auch bei unterschiedlichen Hunden verschiedene Zieldefinitionen wählen. Das ist völlig in Ordnung. Wichtig ist nur, dass Sie sich konsequent an den einmal erstellten Fahrplan halten. Änderungen auf halber Strecke könnten Ihren Hund verwirren und den Lernerfolg beeinträchtigen. Mit Zieldefinition bleibt's entspannt!

»PLATZ«

Mit »Platz« bringen Sie Ihren Welpen in »Parkposition«, sei es, weil Sie an einem bestimmten Ort länger verweilen oder jemanden in Ruhe begrüßen wollen. Die Übung klappt leichter, wenn Ihr Youngster schon das »Sitz« beherrscht.

Mit »Platz« wollen Sie Ihren Welpen auch zur Ruhe bringen. Falls er zu viel Power hat, dann üben Sie, nachdem er sich schon etwas ausgetobt hat.

Nicht verzagen, wenn Ihr Welpe diese Übung nicht ganz so flott lernt wie das »Sitz«. Manch einer legt sich nicht gerne hin. Es lohnt also, auf einen guten Untergrund zu achten!

1 Trainieren Sie auch hier die ersten Schritte in reizarmer Umgebung. Ihr Welpe ist bei Ihnen und blickt Sie aufmerksam an. Sie setzen sich zu ihm und winkeln Ihre Beine so an, dass eine Art Tunnel entsteht, durch den er kriechen kann. Legen Sie ein Leckerchen in die Hand auf der ihm abgewandten Seite, und fixieren Sie es mit Ihrem Daumen. Nun kommen Sie Ihrem Welpen mit der Leckerchenhand durch den Tunnel entgegen. Er darf daran riechen und andocken. Dann ziehen Sie die flache Hand langsam unter Ihren Beinen zurück. Seien Sie gewiss, dass die Hundenase

Bilden Sie im Sitzen mit Ihren angewinkelten Beinen einen Tunnel, und versuchen Sie, den Welpen mit einem Leckerchen hindurchzulocken. Dabei geht er automatisch ins »Platz«.

Klappt die Übung auch ohne die Zuhilfenahme Ihrer Beine, wird es Zeit, das Handzeichen einzuführen, hier die flach ausgestreckte Hand.

Es gehört schon einiges an Übung dazu, um sich selbst in ablenkungsreicher Umgebung gemütlich abzulegen und so lange zu warten, bis es wieder weitergeht!

»PLATZ«

dem Leckerchen zum Boden und unter Ihre Beine folgt. Dabei wird sich Ihr Welpe automatisch ablegen. Belohnen Sie ihn für das tolle Ergebnis! Wenn Sie die Übung nun noch einige Male wiederholen, verknüpft er die flache Hand als Handlungsauslöser für »Platz«.

2 Bauen Sie nach und nach den »Tunnel« wieder ab. Anfangs stellen Sie beide Beine auf, unter die sich Ihr Hund legen soll, dann nur noch eines, dann wird auch das nicht mehr ganz auf den Boden gestellt und angewinkelt. Sobald die Übung auch ohne die Hilfe Ihrer Beine funktioniert, können Sie das Hörzeichen hinzunehmen. Wie immer wird das Signal (»Platz«) unmittelbar vor dem Handlungsauslöser (die flache Hand) eingeführt.

3 Hat Ihr Welpe Signal und Handlung sicher verknüpft, so sollten Sie ihn daran gewöhnen, dass man die Anweisung »Platz« auch von einer stehenden Person bekommen kann. Trainieren Sie die Übung deswegen weiterhin, und richten Sie dabei Ihren Oberkörper nach und nach auf, bis Sie schließlich aufrecht stehen. Beenden Sie auch diese Übung immer mithilfe des Auflösesignals (→ Seite 110).

Zu guter Letzt: Es ist eben alles eine Frage der Größe! Bei großwüchsigen Hundewelpen und etwas kürzeren Beinen kann es »im Tunnel« schon mal etwas enger werden. Versuchen Sie es dann mit einem Stuhl oder einer Bank.

Funktioniert auch das nicht, greifen Sie zu Plan B: Bringen Sie Ihren Welpen in die Sitzposition, das hat er ja schließlich schon gelernt. Nehmen Sie nun das Leckerchen nicht wie beim »Sitz« zwischen Daumen und Mittelfinger, sondern wie oben beschrieben in die flache Hand. Dann docken Sie damit an der Hundenase an und führen diese langsam nach unten auf den Boden. Wäre doch gelacht, wenn Ihr Welpe sich dabei nicht von ganz alleine ablegt. Loben und belohnen Sie ihn, dann wie oben fortfahren.

»Platz« soll Spaß machen. Trainieren Sie deshalb nur dann mit Ihrem Welpen, wenn er gesund und »gut drauf« ist!

/// ZIELDEFINITION ///

Und wie sieht die korrekte Platzposition aus? Ihr Welpe liegt mit dem Bauch am Boden, die Vorderläufe sind nach vorne gerichtet. Die Hinterläufe sollte er jedoch zur Seite strecken, um entspannt liegen zu können. Schließlich wird es ja ein Weilchen dauern, bis es weitergeht ...

Was? Mein Welpe soll korrekt »Platz« machen.
Wann? Er soll das gewünschte Verhalten innerhalb von zwei Sekunden nach meinem Sichtzeichen (flache Hand) und meinem Hörzeichen (»Platz«) zeigen.
Wo? Er soll sich auch bei Ablenkung überall dort hinlegen, wo er mein Hör- oder Sichtzeichen wahrnimmt.
Wie lange? Er soll so lange liegen bleiben, bis er ein Folge- oder Auflösesignal bekommt.
Tipp: Achten Sie bei der Ausführung dieser Übung auf Ihre Körperhaltung. Sind Sie schon so weit fortgeschritten, dass Sie Ihren Welpen im Stehen mit der flachen Hand ins Platz bringen möchten, dann sollten Sie sich lieber seitlich neben ihn stellen, anstatt sich über ihn zu beugen. Er könnte das als Bedrohung sehen, in Stress geraten und die Übung auch künftig nicht ausführen wollen.

TIPP

Belohnen Sie Ihren Welpen nicht mehr für das Sitzen. Denn hier dient es nur als Ausgangsposition für die eigentliche Übung!

»HIER«

Ist Ihr Welpe im Freien zu sehr abgelenkt, dann machen Sie ihn zunächst mit spannender Stimme auf sich aufmerksam, bevor Sie ihn zu sich rufen.

Anfangs ist Ihr Welpe von sich aus darauf aus, Anschluss zu halten. Kräftiges Lob von Ihrer Seite unterstützt ihn dabei. Fangen Sie jedoch rechtzeitig an, mit ihm den Rückruf zu trainieren. So können Sie ihn auch dann zu sich beordern, wenn er selbstständiger ist.

Erfahrungsgemäß fällt es Welpen vor allem dann sehr leicht, dem Rückruf zu folgen, wenn ein besonders attraktives Leckerchen winkt. Sorgen Sie gleich für etwas Vorrat!

1 Trainieren Sie zunächst in Ihrer Wohnung. Nehmen Sie eine Handvoll Leckerli, und machen Sie Ihren Welpen auf sich aufmerksam. Im Ruhrpott lockt man durch »Wacker, wacker!«, im Norden schnalzt man ... Sobald der Welpe in Ihre Richtung schaut oder auf Sie zukommt, laufen Sie maximal zwei bis drei Schritte rückwärts und stellen sich dann gerade hin. Ihr Welpe wird Ihnen folgen und sich intuitiv setzen, wenn Sie stehen bleiben – Sie haben ja die Leckerchen! Sitzt er brav vor Ihnen, gibt es die Belohnung, anschließend lösen Sie die Übung auf (→ Seite 110).

Mit den richtigen Leckerchen als Anreiz wird Ihr Welpe Ihnen sicherlich nur zu gerne folgen. Entfernen Sie sich anfangs aber nicht mehr als zwei bis drei Schritte von ihm.

Hat Ihr Welpe das Prinzip verstanden, können Sie ihn aus größerer Entfernung zu sich locken. Führen Sie nun auch das Hörzeichen ein.

Ziel der Übung ist, dass Ihr Welpe auf Abruf von überallher zu Ihnen kommt – auch wenn es im Freien noch so viel zu schnuppern gibt. Dafür hat er natürlich eine ganz besonders saftige Belohnung verdient!.

»HIER«

Haben Sie das Ziel richtig definiert und trainieren fleißig, dann steht dem sicheren Abruf nichts mehr im Wege – für Ihren Welpen die Chance, mehr Freigang zu gewinnen!

2 Wiederholen Sie die Übung so lange, bis Ihr Hund zuverlässig auf Sie zukommt und sich vorsetzt. Sie können auch schon die Distanz variieren, über die Sie ihn abrufen, mal weiter, mal näher … Wenn alles prima klappt, ist der geeignete Zeitpunkt, um das Signal »Hier« einzuführen. Wie immer bringen Sie das neue Signal vor dem bereits bekannten – in diesem Fall also vor dem Lockwort.

3 Steigern Sie den Schwierigkeitsgrad, indem Sie Ihren Welpen als Nächstes aus dem Freien zu sich rufen. Vielleicht haben Sie ja einen Garten? Andernfalls genügt auch der Balkon oder Hausflur. Machen Sie es Ihrem Youngster jedoch noch nicht allzu schwer. Rufen Sie ihn dann zu sich, wenn er nicht weit von Ihnen entfernt ist und sich nicht gerade mit etwas anderem beschäftigt.

Zu guter Letzt: Falls der Welpe Ihrem Rückwärtsschritt nicht folgt, dann sollten Sie auf reizvollere Leckerchen umsteigen oder trainieren, wenn er richtig hungrig ist. Sicherlich haben Sie auch bemerkt, dass die Übung »Hier« sowohl das Herankommen wie auch den Vorsitz beinhaltet. Da Ihr Welpe jedoch beide Handlungen in einer festen Abfolge erlernt, reicht es vollkommen, hierfür nur ein Signal zu etablieren. Wir empfehlen übrigens, den Abruf nicht mit der Leine oder Schleppleine zu trainieren. Dies birgt nämlich die Gefahr, dass Sie sich mithilfe der Leine seine Aufmerksamkeit holen oder ihn in seinem Verhalten korrigieren. Da es aber unfair ist, jemanden für etwas zu maßregeln, was er noch gar nicht kann und kennt, sollten Sie die Übung zuerst im Haus oder im abgesicherten Garten trainieren, ganz ohne Leine! Das hat zudem den Vorteil, dass er diese nicht in den Kontext der Übung setzt. Im schlimmsten Fall könnte es dann nämlich passieren, dass er die Leine als Signal ansieht und bei deren Fehlen die Übung infrage stellt. Doch genau das Gegenteil ist das Ziel, nämlich ohne Leine sicher abrufbar zu sein.

TIPP
Vermeiden Sie, dass sich das Hier-Signal abnutzt. Wenn abzusehen ist, dass Ihr Welpe nicht zu Ihnen kommt, gehen Sie zu ihm und leinen ihn kommentarlos an.

/// ZIELDEFINITION ///

Der Rückruf ist eine Übung, die unbedingt klappen sollte. Denn damit lassen sich viele problematische oder gar gefährliche Situationen in der Öffentlichkeit vermeiden. Verbissenes Training nützt allerdings gar nichts, denn schließlich soll Ihr Vierbeiner ja freudig zu Ihnen kommen.

Was? Mein Welpe soll freudig in direkter Linie und ohne innezuhalten auf mich zukommen. In Armreichweite setzt er sich vor mir ab.
Wann? Schon beim ersten Hörzeichen (»Hier«) wird er sich innerhalb von 2 Sekunden in Bewegung setzen.
Wo? Er soll sich auch oder gerade bei Ablenkung von überall abrufen lassen, sobald er mein Hörzeichen wahrnimmt.
Wie lange? Er soll so lange sitzen bleiben, bis er ein Folge- oder Auflösesignal bekommt.
Tipp: Achten Sie auch bei dieser Übung auf Ihre Körpersprache. Gehen Sie Ihrem Welpen keinesfalls frontal entgegen und vermeiden Sie es, sich beim Vorsitz über ihn zu beugen. Beides wirkt auf ihn abschreckend! Loben Sie ihn ausgiebig beim Herankommen. So machen Sie sich interessant und alles andere rundherum ist unwichtig.

»NEIN«

So schön die Welt ist – sie funktioniert nicht ohne Grenzen. Folglich müssen Sie Ihrem Welpen auch beibringen, dass er auf ein Signal hin vom Umgraben des Blumenbeetes ablassen und sich lieber mit einem Spielzeug beschäftigen soll.

Fördern Sie den Blickkontakt: Wendet sich Ihr Welpe von der Hand mit Leckerli ab und sieht Sie fragend an, hat das ein dickes Lob verdient!

Diese Übung verlangt Ihrem Welpen einiges ab. Darum wählen Sie für das Training besser einen Zeitpunkt, an dem er frisch ausgeruht ist und sich gut konzentrieren kann.

1 Beginnen Sie zunächst damit, das Signal »Nimm« einzuüben. Legen Sie hierzu ein Leckerli in Ihre offene Handfläche, und lassen Sie es Ihren Welpen auf das Signal »Nimm« aus der Hand fressen. Wiederholen Sie die Übung fünf- bis zehnmal, das macht gute Laune.

2 Beim nächsten Mal nehmen Sie wieder ein Leckerli auf die flache Hand und präsentieren es Ihrem Welpen. Doch noch bevor er den Happen fressen kann, sagen Sie ruhig, aber deutlich das Abbruchwort »Nein«. Schließen Sie

Lassen Sie Ihren Youngster zunächst ein paarmal das Leckerchen aus Ihrer Hand fressen. Etwas Motivation kann er gut gebrauchen!

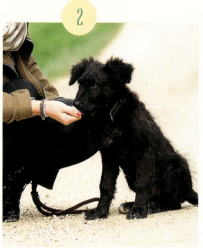

Nach einigen »Nimm-Runden« schließen Sie die Hand mit dem Leckerchen zur Faust und geben ihm ein deutliches »Nein«.

Perfekt! Sie haben Ihr Ziel erreicht, wenn Ihr Welpe das Leckerchen erst dann aus Ihrer geöffneten Hand nimmt, wenn Sie ihn dazu auffordern.

»NEIN«

dabei die Hand zur Faust. Wie sehr er sich auch bemüht, doch noch an das Leckerchen heranzukommen – Sie ignorieren all seine Versuche und warten geduldig ab, bis er ein anderes Verhalten zeigt. Viele Hunde setzen sich dann erst einmal ratlos hin, kommt ja schließlich nicht oft vor, dass Herrchen oder Frauchen so hartherzig sind. Manche wenden auch nur den Blick ab. Sobald der Welpe von Ihrer Hand ablässt, loben Sie ihn und geben das Leckerli frei.

3 Wiederholen Sie diese Abfolge noch mehrere Male: Nach fünf bis zehn erfolgreichen »Nimm«-Übungen konfrontieren Sie Ihren Welpen mit einem »Nein« und der geschlossenen Faust. Achten Sie aber bitte darauf, die Anzahl der »Nimm«-Übungen zu variieren, für Ihren schlauen Welpen soll keine Regelmäßigkeit erkennbar sein. Von Mal zu Mal wird er besser lernen, dass er beim Signal »Nein« die Handlung, also sein Bemühen an das Leckerli heranzukommen, unterlassen und auf ein Signal wie »Nimm« warten soll. Im besten Fall zeigt Ihr Hund ein alternatives Verhalten, z. B. ein »Sitz«. Loben Sie ihn dann sofort. Schließlich wird es Zeit zu testen, ob er den Sinn des Abbruchwortes schon begriffen hat. Beim nächsten »Nein« lassen Sie darum die Hand offen. Bleibt das Leckerli trotzdem liegen, hat Ihr Welpe eine große Herausforderung erfolgreich bestanden. Loben Sie ihn ausgiebig und geben Sie ihm die Belohnung aus der Hand. Ist die Versuchung noch zu groß, müssen Sie beide weiterüben.

Zu guter Letzt: sagen Sie das »Nein« bitte immer in normalem Tonfall. Ihr Welpe soll ja schließlich keine Angst bekommen. Überzeugen Sie ihn lieber durch Konsequenz, dass er auf Ihre Freigabe zu warten hat. Denn der Vorteil, von Lernen aus Frust (Hand bleibt geschlossen) gegenüber dem Lernen aus Angst (bei Anschreien) ist, dass der Welpe bei Frust in der Lage ist, nach einer Alternative zu suchen. Das geht bei Angst viel schlechter oder auch gar nicht.

Das Leben steckt voller Verführungen. Auch wenn Sie Ihrem Hund manche Dinge von Herzen gönnen, sollten Sie ihm aber doch nicht alles durchgehen lassen.

/// ZIELDEFINITION ///

Das Abbruchsignal zeigt dann die beste Wirkung, wenn Sie es gerade in dem Moment sagen, in dem sich Ihr Welpe anschickt, etwas Verbotenes zu tun. Im Klartext: Ist Ihr Vierbeiner bereits durchgestartet, dann wird er sich durch Ihr »Nein« nicht mehr vom Jagen abhalten lassen. Mehr Erfolg haben Sie, solange er die Beute noch fixiert. Auch hier kommt es also wieder auf das korrekte Timing an. Und auf Ihre gute Beobachtungsgabe …

Was? Das Signal soll zu einem sofortigen Handlungsabbruch führen und meinen Welpen darauf vorbereiten, dass gleich ein alternatives Verhalten von ihm gewünscht wird.
Wann? Schon beim ersten Hörzeichen (»Nein«) soll er innerhalb von 2 Sekunden mit dem aufhören, was er gerade macht – egal, worum es sich handelt.
Wo? Überall dort, wo er das Hörzeichen vernimmt.
Wie lange? entfällt hier
Tipp: Alle Signale werden gelassen antrainiert – auch das »Nein«. Hat Ihr Welpe erst einmal verstanden, was Sie von ihm wollen, müssen Sie das Signal weder brüllen, noch eine starke Pulsschlagader präsentieren.

TIPP

Will Ihr Welpe trotz »Nein« das Leckerchen aus der offenen Hand stibitzen, müssen Sie diese blitzschnell schließen, sonst belohnt er sich selbst für sein Fehlverhalten!

AUFLÖSESIGNAL

Oft unterschätzt, aber unheimlich wichtig: Das Auflösesignal. Damit beenden Sie eine Übung und geben Ihrem Welpen zu verstehen, dass er sich nun nicht mehr an Ihnen orientieren muss, sondern frei umherschnuppern darf.

Noch schwerer wird es, wenn Sie Ihren Welpen an einer Stelle im »Sitz« warten lassen, bis Sie wieder zurückkehren und die Übung auflösen.

Mithilfe des Auflösesignals geben Sie Ihrem Welpen zu verstehen, wie lange er ein Signal umsetzen soll. Dieses Wissen entspannt ihn ungemein, denn er vertraut Ihrer Führung!

1 Geben Sie Ihrem Welpen ein Signal, das er richtig gut kann, z. B. ein »Sitz«. Wenn es klappt, können Sie ihn gerne loben, doch halten Sie dabei Blickkontakt zu ihm.

2 Jetzt kommen wir zum entscheidenden Punkt. Nehmen Sie ein Leckerli, und docken Sie damit an der Hundenase an. Versuchen Sie Ihren Welpen durch Zurückziehen der Hand aus der Sitzposition zu locken. Und – steht er auf und bewegt sich zur Leckerlihand? Klasse, dann darf er seine Belohnung auch gleich haben. Wiederholen Sie die Übung einige Male, bis Ihr Hund allein durch Ihre Hand-

Ein ordentlich ausgeführtes »Sitz« unterstützt Sie bei dieser Übung, weil Ihr Welpe dann konzentrierter ist und nicht wegläuft.

Locken Sie Ihren Welpen aus der Sitzposition – entweder wie hier mit einem Leckerchen oder durch ein Hörzeichen bzw. eine Armbewegung.

Die Übung ist erst zu Ende, wenn Sie diese auflösen. Hat Ihr Welpe die Lektion begriffen, können Sie ihn so auch länger in einer gewünschten Position halten.

Auflösesignal

Ready – steady – go! Geben Sie auch die Auflösesignale immer ruhig und gelassen, dann steht Ihr Welpe nicht so sehr unter einer Erwartungshaltung.

bewegung seine Position verlässt und anderes Verhalten zeigt. Nun können Sie Ihr Auflösesignal einführen. Sagen Sie kurz bevor Sie Ihre Hand zurückziehen z. B. »Okay«, und danach gibt's das Leckerchen.

3 Anfangs muss Ihr Welpe natürlich noch nicht für längere Zeit im »Sitz« ausharren – aber der Grundstein ist gelegt. Er hat verstanden, dass er seine Position nur auf ein bestimmtes Signal hin verlassen darf. Das Gute daran: Ihr Welpe kann das Erlernte auch auf andere Situationen übertragen, sodass Sie ihn nun aus jeder beliebigen Position, die er eingenommen hat, auflösen und somit die Übung beenden können. Um ein bestimmtes Verhalten zu verlängern, zögern Sie das »Okay« einfach etwas länger hinaus. Ein Beispiel: Ihr Welpe soll im »Sitz« bleiben, während andere Passanten an Ihnen vorübergehen. Das Lob gibt's, sobald er die richtige Position einnimmt, das »Okay« aber erst, wenn Sie beide unbehelligt weitergehen können.

Zu guter Letzt: Hat Ihr Welpe erst frisch mit seiner Ausbildung begonnen, sollten Sie das Auflösesignal immer dann erteilen, wenn er eine Übung richtig ausgeführt hat und Sie ihn ausgiebig gelobt und belohnt haben. Später kann er dann auch schon komplexere Übungsabfolgen erlernen, bei denen er mehrere Aufgaben nacheinander bewältigen muss. Dank des Auflösesignal können Sie dabei Zwischenbelohnungen einführen, da die Übung ja nicht mit dem Leckerchen, sondern mit Ihrem »Okay« beendet ist.
Wichtig ist, dass Sie das Auflösesignal konsequent zum Abschluss jeder Übung verwenden. Andernfalls bleibt Ihr Welpe im Unklaren, wie lange er eine Anweisung von Ihnen zu befolgen hat, und wird vermehrt dazu übergehen, die Übung nach eigenem Ermessen zu beenden. Bleiben Sie darum konzentriert bei der Sache. Auch wenn Sie auf eine interessante Schaufensterauslage oder gute alte Bekannte treffen – erst geben Sie Bello aus dem »Bei Fuß« frei.

TIPP

Vergessen Sie das Leckerchen nach dem Auflösesignal nicht!

/// ZIELDEFINITION ///

Gewöhnen Sie sich an, die Übung nicht mit einem Lob, sondern mit einem konkreten Auflösesignal zu beenden. So können Sie später bei komplexeren Übungsabläufen zwischendurch loben und belohnen, ohne dass Ihr Hund dies als »Freifahrtschein« ansieht.

Was? Mein Hund weiß, dass die Übung erst beendet ist, wenn ich ein bestimmtes Signal gebe.
Wann? Schon beim ersten Hörzeichen (»Okay«) ist er aus der Übung entlassen und darf gehen.
Wo? Überall dort, wo er das Hörzeichen vernimmt.
Wie lange? Mein Hund soll so lange die gewünschte Handlung ausführen, bis ich ihm das Auflösesignal gebe.
Tipp: Überlegen Sie, welches Signalwort für Sie und Ihren Hund am besten geeignet ist. Sollte das Wort »okay« zu häufig in Ihrem täglichen Sprachgebrauch vorkommen, wählen Sie eine Alternative, die weniger abgenutzt ist. Beispiele gibt es viele: »Hopp«, »Kiwi«, »Lauf« – hier sind Ihrer Fantasie keine Grenzen gesetzt. Entscheidend ist nur, dass Sie die Anweisungen »Sitz« und »Platz« usw. immer mit dem Signalwort abschließen.

▸ JOBS & SPIELE ◂

CLICKERN

SPIELEND LEICHT LERNEN

Das hat Ihr Welpe schnell gecheckt: »Klick-Klack« bedeutet immer etwas Gutes. Hat er den Klicklaut erst einmal mit Belohnung verknüpft, sind Lobworte und Streicheleinheiten hinfällig. Das Geräusch allein dient ihm als Bestätigung seines Verhaltens. Was dafür zu tun ist, muss er allerdings selbst herausfinden …

INFO

Mit dem Clicker haben Sie die Möglichkeit, punktgenau zu bestätigen. Damit lassen sich für Ihren Welpen auch komplexe Aufgaben wie das Zeitungholen spielend umsetzen!

CLICK & TREAT

Der Clicker ist Ihnen als Knackfrosch aus dem Kinderzimmer bestens bekannt. Richtig eingesetzt, können Sie Ihrem Welpen damit grundlegende Signale wie »Sitz«, »Platz« und »Hier« beibringen, aber auch richtig raffinierte Tricks wie Rolle, Peng, Skateboard fahren oder Socken an- und ausziehen (→ *Büchertipps, Seite 138*). Beim Clickern arbeiten Sie nur über positive Bestätigung. Erwünschtes Verhalten verdient einen Click und dann sofort die Futterbelohnung, Fehlverhalten wird ignoriert. Ihr Welpe lernt also allein durch Versuch und Irrtum und damit nach dem Prinzip der operanten Konditionierung (→ *Seite 94*). Dabei soll es auch bleiben. Egal, wie schwer es Ihnen fällt: Beim Clickern wird nicht mit dem Hund gesprochen. Je mehr Hilfe er von Ihnen erhält, desto weniger Denkleistung zeigt er selbst. Geeignet ist der Clicker für alle Hunderassen, es gibt sogar Softclicker für geräuschempfindliche Vierbeiner.

DAMIT ES KLAPPT

Damit der Clicker für Ihren Welpen zu einem höchst reizvollen Verstärker wird, müssen Sie zunächst die richtige Belohnung finden. Nichts motiviert ihn mehr als das, was er am meisten liebt. Für den Anfang erläutern wir das Clickertraining mit Futterbelohnung, später sollten Sie die Belohnung abwechslungsreicher gestalten. Wichtig ist: Jeder Click ist ein Versprechen auf etwas Gutes! Immer! Versprechen werden nicht gebrochen – stellen Sie sich vor, Sie bekommen nach Leistung Ihr Gehalt. Plötzlich nicht mehr. Wie motiviert wären Sie zu arbeiten? Haben Sie sich mal »verclickt«, dann bekommt Ihr Welpe dennoch sein Leckerchen, war ja nicht sein Fehler.

»Give me five« ist Ihnen zu banal? Dann überlegen Sie doch mal, wie Ihr Hund zur Haushaltsperle werden könnte! Lassen Sie ihn das Handtuch zum Abwasch bringen – das wäre schon ein guter Anfang.

CLICKERN

Nur ein Klick – und Ihr Hund weiß, dass er etwas richtig gemacht und eine Belohnung verdient hat. Schon bald werden Sie auf den Clicker nicht mehr verzichten wollen ...

TIPP
Besorgen Sie sich einen Clicker mit Armband oder Gummizug für den Finger, so haben Sie beim Training freie Hand!

KLICK GEMACHT?
Sie brauchen einen Clicker, gute Laune und besonders schmackhafte, kleine, leicht schluckbare Leckerchen. Zunächst ist der Clicker für den Hund ein neutrales Gerät, das keinerlei Bedeutung hat. Auf emotionaler Ebene erzielt er die gleiche Wirkung, wie wenn ich eine Packung Tabletten auf den Tisch legen oder eine Blumenvase hinstellen würde. So können Sie den Clicker positiv belegen:

- Halten Sie in der einen Hand den Clicker, in der anderen 10 bis 15 besonders attraktive Leckerchen.
- Clicken Sie einmal, und geben Sie Ihrem Hund **sofort** danach ein Leckerchen. Click und Belohnung gehören für ihn nur zusammen, wenn beides unmittelbar aufeinanderfolgt, im Optimalfall nur 0,5 Sekunden versetzt (→ *Seite 94*). Diese Übung wiederholen Sie so lange, bis Ihre Faust leer ist. Der bisherige Lernerfolg beim Hund ist: Jedes Click gibt ein Leckerchen – das löst ein tolles Gefühl bei ihm aus!
- Trainieren Sie dies zeitversetzt noch mehrere Male, damit er Click und Futter sicher verknüpft.

LOS GEHT'S
Sobald Ihr Welpe verstanden hat, dass der Clicker ein Leckerchen zur Folge hat, wird er sehr ambitioniert sein, das Clicken auszulösen. Zeit für die nächste Runde. Setzen Sie sich gedanklich ein Ziel: Ich möchte meinem Hund »Give-me-Five« beibringen. Dazu soll er seine rechte Vorderpfote heben und damit meine ausgestreckte Hand berühren.
Jetzt ist Ihr Welpe gefragt: Durch den Anblick des Clickers hochmotiviert denkt er nun fieberhaft nach, welches Verhalten von ihm gewünscht ist, damit endlich, endlich, endlich das ersehnte Klick-Klack ertönt und ein Leckerchen für ihn herausspringt. Es passiert jedoch nichts. Denn ab jetzt bekommt der Hund nicht einfach etwas »umsonst« wie zum Einstieg, sondern er muss Ihnen ein Verhalten anbieten, das ein Click wert ist – am besten etwas, das Sie Ihrem Ziel näherbringt. Ein leichtes Heben der Vorderpfote?

Prima, schon das leiseste Anzeichen verdient einen Click und Bestätigung. Das Anheben der Pfote wird zuerst nicht willentlich gezeigt, sondern rein zufällig. Erst nach einigen Wiederholungen erkennt Ihr Welpe das System dahinter. Lassen Sie sich überraschen, wie häufig er hintereinander selbstbewusst die Pfote hebt, damit es clickt. Hat er das sicher verstanden, steigern Sie den Schweregrad und clicken nur noch, wenn er die Pfote höher anhebt und schließlich wenn er sie in Ihre Hand legt.

Natürlich könnte er auch zahlreiche andere fordernde Anzeichen erkennen lassen: Er setzt sich erwartungsvoll hin, geht ins »Platz«, bellt, kratzt sich mit der **linken** Pfote oder stupst Sie mit der Nase an. Doch all diese Reaktionen bringen ihn Ihrem Ziel nicht näher, folglich ignorieren Sie das Verhalten. Das fordert Ihren Hund heraus, neue Strategien zu erproben und durch Bestätigung den richtigen Weg abzuleiten. Bringen Sie seine grauen Zellen zum Dampfen!

NICHT MEHR OHNE?
Nein, keine Sorge! Mit dem Clicker können Sie Ihrem Welpen sehr viele Signale und Handlungsketten beibringen, aber Sie müssen ihn nicht immer und überall dabeihaben. Sobald ihm eine neue Handlung bekannt ist, können Sie ein Signal einführen und den Clicker ausschleichen.

▶ JOBS & SPIELE ◀

IMMER LOCKER BLEIBEN
AN DER LEINE UNTERWEGS

Ob aus Respekt gegenüber weniger hundebegeisterten Menschen oder zum Schutze Ihres Welpen – die Leine gehört ganz einfach dazu. Rechtzeitig daran gewöhnt, hat Ihr Welpe auch kein Problem damit! Denn sie hilft ihm, sich selbst in ablenkungsreicher Umgebung an Ihnen zu orientieren. Hauptsache, die Verbindung bleibt entspannt!

ANSICHTSSACHE

»Endlich geht es nach draußen auf die gemeinsame Jagd! Frauchen, Herrchen und ich lassen es jetzt richtig krachen und besorgen was zu fressen! Warum sollte man sonst nach draußen gehen?!« Ansichten eines Hundes zum Thema Spaziergang ... Wir hingegen wünschen uns, in der Natur entspannen zu können: bloß keine Hektik aufkommen lassen, immer langsam voran, dazu ab und an den Ball werfen. Missverständnisse sind vorprogrammiert!

Nur nicht verzweifeln! Eine gute Leinenführung braucht etwas Übung, und das Training ist ein dynamischer Prozess. Werfen Sie nicht die Flinte ins Korn – los geht's!

HIER LÄUFT WAS FALSCH!

Zwei Welten prallen aufeinander. Hinzu kommt eine Flut unterschiedlichster Reize, die draußen auf Ihren Welpen einströmen und seinen Erkundungsdrang wecken. Die Folge: Ihr Heißsporn beginnt an der Leine zu ziehen, um Sie zu einer schnelleren Gangart zu bewegen und somit sein Ziel eher zu erreichen. Der Prozess verläuft meist schleichend, doch plötzlich stellen Sie fest, dass Ihr Vierbeiner ab einer gewissen Ablenkung durch Artgenossen, Menschen etc. nicht haltbar ist. Lassen Sie es so weit gar nicht erst kommen! Je eher Sie auf eine lockere Leine achten, desto entspannter können Sie beide Ihre Touren genießen!

FRÜHFÖRDERUNG

Bei Ihren ersten gemeinsamen Spaziergängen wird Ihr Welpe von sich aus in Ihrer Nähe bleiben und deshalb an durchhängender Leine mitlaufen. Loben Sie ihn, was das Zeug hält! Denn glauben Sie uns: Es kommt noch anders ... Durch Ihre Bestätigung bekommt er aber von Anfang an eine Orientierung, wo er sich auch künftig aufhalten soll.

Außerdem sollten Sie sich gut überlegen, welche Kontakte Sie Ihrem Vierbeiner an der Leine gestatten, ob als Welpe oder als ausgewachsener Hund. Diese Ziele setzen

Das sieht richtig cool und lässig aus – ein entspannter Hund an durchhängender Leine! Und die gute Nachricht: Das können Sie und Ihr Welpe auch!

Sie dann aber auch vom ersten Spaziergang an konsequent um. Konkretes Beispiel: In den ersten Wochen ist man als frischgebackener Hundehalter natürlich ordentlich stolz auf den kleinen Schützling und will ihn nur zu gerne präsentieren. Außerdem hat man ja gelernt, dass man das Hundekind im Sinne einer guten Sozialisierung (→ *Seite 44*) mit möglichst vielen und unterschiedlichen Zwei- und Vierbeinern bekannt machen soll. Folglich hat man nichts gegen Kontakte einzuwenden, und da kein Passant dem Anblick der Kulleraugen widerstehen kann, wird der Welpe entsprechend verwöhnt. Ein Blick in die Zukunft: Der Hund ist erwachsen, der Alltag eingekehrt. Es besteht kaum noch Anlass und oft auch gar nicht die Zeit, auf jedem Spaziergang das Gespräch zu suchen. Für den Hundehalter ein normaler Prozess, für den Hund völlig unbegreiflich, warum aus heiterem Himmel kein Kontakt mehr erwünscht ist. Nur gut, dass er jetzt über sein volles Gewicht verfügt. Das Tauziehen kann beginnen.

/// TIPP ///

Sehen Sie sich auf einen Konflikt zulaufen, etwa einen größeren Hund, mit dem Sie lieber keinen Kontakt haben wollen, wechseln Sie ruhig die Straßenseite und vergrößern den Abstand. Das hat nichts mit Feigheit zu tun, im Gegenteil! Führen Sie Ihren Hund sicher aus einer unerwünschten Situation heraus, fühlt er sich bei Ihnen gut aufgehoben und weiß, dass er Sie beide nicht beschützen muss. Also wird er auch nicht wie wild an der Leine zerren und bellen.

EILE MIT WEILE

Leine ist prima! Diese Lektion hat Ihr Welpe schnell begriffen. Denn schließlich bedeutet Ihr Griff zur Leine, dass er mit Ihnen gemeinsam etwas unternehmen darf. Für viele Hunde ist das Anlass zu wahren »Freudentänzen«. So sehr diese Begeisterung auch ansteckt – warten Sie dennoch ab, bis sich Ihr Vierbeiner wieder etwas beruhigt hat. Fordern Sie ihn auf, »Sitz« zu machen, und erst wenn er ordentlich sitzt, leinen Sie ihn ruhig an und loben ihn anschließend. Machen Sie sich dieses Vorgehen zur Gewohnheit. Denn zum einen fällt das Anleinen wesentlich leichter, wenn der Hund dabei nicht wie wild herumhüpft, zum anderen verläuft auch Ihr gemeinsamer Aufbruch wesentlich ruhiger.

STEP BY STEP

LEINENFÜHRIGKEIT

Mit dem Hund an lockerer Leine unterwegs – das sieht nicht nur lässig aus, sondern wirkt auch vertrauenerweckend auf weniger begeisterte Hundefreunde. Wir zeigen Ihnen, wie Sie Ihren Welpen entspannt »an die Hand nehmen« können.

Hat Ihr Welpe ein interessantes Ziel entdeckt und zieht schnurstracks drauflos, bleiben Sie einfach stehen. Geben Sie ihm nicht nach!

Entspannt der Welpe die Leine, indem er sich nach Ihnen umsieht, können Sie das freundlich bestätigen – und schon geht's weiter!

Öfter mal ein Richtungswechsel oder eine Kehrtwende – und schon bleibt Ihr Welpe »auf Zack« und lernt, sich an Ihnen zu orientieren.

Prinzipiell zieht ein Hund nur aus einem Grund: Er hat gelernt, dass er damit sein Ziel schneller erreichen kann. Wollen wir ihm Gegenteiliges lehren, muss ihm sein Verhalten Misserfolg einbringen. Darum: Bleiben Sie stehen, sobald die Leine auf Spannung geht. Geben Sie nicht nach! Entscheidend ist, dass Ihr Hund die Leine lockert, nicht Sie. Sonst meint er, er muss nur lange genug warten, bis Ihre Geduld nachlässt und Sie von sich aus loslaufen. Er soll aber begreifen, dass er aktiv etwas tun kann, damit es weitergeht. Dreht er sich z. B. verdutzt nach Ihnen um, entspannt sich die Leine automatisch. Genau dann gehen Sie weiter. Blickt er nur stur nach vorne, machen Sie durch Schnalzen oder Räuspern auf sich aufmerksam.

Als weitere Variante können Sie, kurz bevor sich die Leine spannt, die Richtung wechseln oder auf dem Absatz kehrtmachen. Ihr Vierbeiner muss sich neu orientieren und vergisst darüber, an der Leine zu ziehen. Vorsicht ist nur geboten bei Hunden, die sich bei Richtungswechseln gerne ein Näschen an neuen Informationen genehmigen. Das wäre kontraproduktiv. In diesem Fall bleiben Sie lieber stehen.

JETZT WIRD'S ERNST

Ja, Sie haben recht. Es kann sein, dass Ihr Spaziergang anfangs zu einem ständigen Stop-and-go wird. Doch dieser Trick hilft Ihnen, neben dem konsequenten Training auch entspannte Momente genießen zu können: Besorgen Sie Ihrem Hund zu seinem normalen Halsband ein Trainingsgeschirr, und legen Sie es ihm bei der Gassirunde zusätzlich an. Ab nun läuft es so: Leine in Geschirr – jetzt ist Training angesagt, es wird nicht an der Leine gezogen. Leine in Halsband – wir brauchen beide eine Pause. Sind Sie entsprechend konsequent, wird Ihr Welpe das Ziehen einstellen, sobald die Leine am Geschirr hängt. Im Laufe der Zeit verlängern Sie die Trainingsphasen, bis irgendwann der ganze Spaziergang entspannt ist. Ihre Geduld lohnt sich!

Wann Ihr Hund an die Leine muss, kann von Kommune zu Kommune unterschiedlich geregelt sein. Informieren Sie sich im Internet.

FIXPUNKTE SETZEN

Aus Sicht Ihres Hundes wäre es paradox, wenn Sie ihm das Ziehen so lange erlauben, bis Ihr Arm maximal gestreckt ist, um es ihm dann mit einem Mal zu verbieten. Suchen Sie sich darum für die Hand, mit der Sie die Leine halten, einen Fixpunkt. Das kann vor dem Bauch sein, aber auch seitlich am Körper. So geben Sie einen festen Leinenradius vor. Halten Sie die Leine locker zwischen zwei Fingern, dann merken Sie sofort, wenn die Leine auf Spannung geht und können rechtzeitig reagieren. Manchmal hilft es auch, einen Knoten oder eine andere Markierung an der Leine anzubringen, die Ihnen anzeigt: Bis hierhin und nicht weiter. Richten Sie Ihren Körper auf, die Schultern gerade und entspannt, der Blick zielorientiert. Lassen Sie sich nicht ablenken von anderen Reizen, das würde Ihr Welpe merken und zu seinen Gunsten auslegen. Wenn Sie geradeaus weitergehen möchten, dann schauen Sie geradeaus und nicht zu dem Hund, der versucht Ihren Welpen abzulenken. Wenn Ihr Welpe dann wieder gut mitläuft, können Sie ihn gerne loben. Timing und Intensität sind dabei wichtig. Nicht dass sich Ihr Hund so freut, dass die Leine wieder spannt und er so eine Bestätigung für das Ziehen bekommt. Gerade bei Hunden, die flott unterwegs sind, kann das zu einem Problem werden. In diesem Fall ist weniger mehr, und Sie konzentrieren sich auf Stop-and-go.

▸ ZEIT FÜR EIN SPIEL ◂

ZEIT FÜR EIN SPIEL
VIEL MEHR ALS ZEITVERTREIB

Tiefstellung des Vorderkörpers, wegrennen und hinterherjagen, hüpfen und kämpfen wie die Wilden und dabei auch mal Zähne zeigen – welcher Besitzer hat nicht Freude daran, Hunde beim Spielen zu beobachten?! Für den Vierbeiner steckt jedoch viel mehr dahinter, als einfach nur Spaß zu haben …

VIEL LÄRM UM NICHTS?

Wild, laut und gefährlich geht es dabei zu, doch von richtigen Verletzungen fehlt jede Spur. Trotzdem ist das Spielen sowohl mit Artgenossen als auch mit dem Menschen ein wichtiger Bestandteil in der Entwicklung Ihres kleinen Vierbeiners. Beim gemeinsamen Raufen und Toben mit Wurfgeschwistern und Artgenossen werden Muskelaufbau, Beweglichkeit und Geschicklichkeit trainiert, denn nur wer sich schnell und flink bewegen kann, ist später auch Gefahrensituationen gewachsen. Allerdings fördert Spielen nicht nur Schnelligkeit und Reaktionsvermögen, sondern auch soziale Kompetenzen. Die Welpen lernen untereinander zu kommunizieren; dazu gehört, die Gestik (Ausdruck des Körpers) und Mimik (Ausdruck des Gesichtes) gezielt einzusetzen, um sich den anderen mitteilen zu können, aber auch deren Ausdrucksverhalten richtig zu interpretieren. Spielregeln, die untereinander gesteckt werden, sind zu beachten, sonst hat das ausgelassene Treiben schnell ein Ende. Ganz nebenbei erlernen sie so die Beißhemmung (→ *Seite 28*). Auch der Mensch wird jederzeit als Spielpartner akzeptiert, sofern er sich nur aktiv in das Geschehen einbringt. Darum: Spielen Sie mit Ihrem Hund! Gemeinsam Spaß haben fördert die Beziehung ungemein …

HAUPTSACHE GUT AUSGELASTET

Viele Hundehalter sehen im gemeinsamen Spiel auch eine gute Möglichkeit, auf fröhliche und entspannte Art und Weise für die nötige Auslastung des jugendlichen Heißsporns zu sorgen. Ihr Welpe wird aber nur dann ausgeglichen sein, wenn Sie ihn sowohl körperlich wie auch geistig auf Trab halten. Allein durch Rennspiele ist Ihr Vierbeiner beispielsweise nicht komplett ausgelastet. Ein geistig unterforderter Hund ist aber schnell unausgeglichen und sucht

Spielen darf Ihr Welpe mit allem, was Sie erlauben. Wichtig ist, dass der Gegenstand nicht giftig ist, keine Verletzungsgefahr birgt und nicht verschluckt werden kann.

Finden Sie heraus, ob und womit Ihr Hund gerne spielt. Fördern Sie ihn nach seinen besonderen Fähigkeiten und Vorlieben, damit Ihr gemeinsames Spiel nicht auch Erziehung bedeutet, sondern Spaß macht.

sich womöglich selbst eine Beschäftigung, die dann nicht immer Ihre Zustimmung finden muss. Unsinn ist vorprogrammiert. Entscheidend ist also die Mischung aus kognitiver und körperlicher Auslastung und dass beides den Fähigkeiten und dem Naturell Ihres Hundes angepasst ist.

SPIELEN – NEIN DANKE!

Es gibt durchaus Hunde, die partout nicht spielen möchten. Die Gründe dafür können vielfältig sein. Vielleicht verhindert ja die Körpersprache des Menschen ein unbeschwertes Herumtoben? Wie oft beugen wir uns unbewusst über den Hund, um ihn zu berühren. Manchmal passt auch einfach das Umfeld nicht; zu viel Ablenkung oder laute Geräusche sind der Spiellaune abträglich. Manche Hunde haben auch einfach das Spielen nie wirklich kennen- und erlernen dürfen und sind deshalb nicht zu motivieren. Doch das können Sie mit Ihrem Welpen ja ganz anders halten!

/// CHECKLISTE ///

SPIELEN TUT GUT

Spielen ist für Welpen wichtig. Damit sie ihre körperlichen und kognitiven Fähigkeiten unbeschwert perfektionieren können, sollten jedoch diese Voraussetzungen erfüllt sein:

- Der Hund gibt vor, was ihm Spaß macht. Als Besitzer sollten Sie seine Vorlieben und Neigungen respektieren.
- Um Schäden an Knochen und Gelenken zu vermeiden, muss gerade bei Welpen und Junghunden die körperliche Bewegung und Belastung altersgerecht angepasst werden.
- Besondere Vorsicht ist bei großwüchsigen Hunderassen geboten, bei denen das noch jugendliche Skelett ohnehin einer stärkeren Belastung ausgesetzt ist.
- Achten Sie darauf, Ihren Welpen nicht zu überfordern. Auch Spielen kann aufregend sein. Auszeiten sind wichtig!

EIN SPIEL FÜR ALLE FÄLLE

Ob in der Hundeschule oder zu Hause – es gibt viele Möglichkeiten, den Hund auszulasten. Der Spaßfaktor für Mensch und Hund sollte dabei im Vordergrund stehen, nur so ist ein positives Miteinander ohne Stress und Frust für beide Seiten möglich.

APPORTIEREN
Beim Apportieren geht es um das Herbeibringen eines Dummys oder eines Spielzeugs. Benennen Sie jeden Gegenstand, so lernt Ihr Hund unmittelbar den richtigen zu bringen, und Sie können mehrere Apportel gleichzeitig ins Rennen schicken. Während des Werfens wartet Ihr Hund. Erst auf ein Signal darf er loslaufen, das Objekt aufnehmen und zu Ihnen zurückbringen. Das erfordert Selbstkontrolle, beim Hund »Steadyness« genannt.

LONGIEREN
Sie befinden sich innerhalb eines Flatterband-Zirkels. Ihr Hund ist außerhalb und wird allein durch Ihre Körpersprache und Signale geführt und gelenkt. Sie können auch Hindernisse einbauen, um den Schwierigkeitsgrad zu steigern.

SCHNÜFFELN/MANTRAILING/TRACKING
Unter Tracking versteht man das Aufspüren von Bodenverletzungen, unter Mantrailing das Suchen von Personen und verloren gegangenen Gegenständen. Machen Sie Ihrem Welpen Geschmack auf diese anspruchsvollen Aufgaben. Legen Sie ihm unterwegs kleine Fährten, und üben Sie die Anzeige auf dem Spaziergang.

TREIBBALL
Ihr Welpe soll 8 Bälle in einer bestimmten Reihenfolge in ein Tor treiben. Sie stehen neben dem Tor und dirigieren ihn mit Richtungssignalen. Ein Spaß für Sie beide!

AGILITY
Mit Stimme und Handzeichen führen Sie Ihren Hund durch einen Hindernisparcours. Neben Laufsteg und Wippe stehen auch Hürden, Schrägwand und Tunnel auf dem Programm – Hauptsache schnell und fehlerfrei. Lassen Sie Ihren Welpen jedoch erst körperlich auswachsen, bevor er mitmachen darf. Seine Knochen danken es Ihnen.

OBEDIENCE
Obedience ist die perfekte, schnelle und harmonische Ausführung von Übungen wie »Sitz« oder »Platz«. Jeder kann an Wettbewerben teilnehmen. Bewertet wird auch Teamfähigkeit und Sozialverträglichkeit. Bei der Ralley-Obedience sind die Übungen in einem Parcours zu absolvieren.

FRISBEE
Frisbee ist eine Hundesportart, bei der Sie eine Frisbee-Scheibe werfen und Ihr Hund diese fangen und zurückbringen soll. Falls Sie das Wettbewerbfieber packt – es gibt drei unterschiedliche Disziplinen: Mini-Distance, Long Distance und Freestyle. Aber Achtung: Auch hier geht die Gesundheit Ihres Hundes vor. Fangen Sie nicht zu früh an!

CROSSDOGGING
Crossdogging vereint Sportarten wie Longieren, Frisbee, Agility, Trickdog, Apportieren und vieles mehr. Wie beim Zirkeltraining müssen Sie beide fünf unterschiedliche Aufgaben an fünf Stationen meistern.

◆ JOBS & SPIELE ◆

FAIR PLAY
SPIELEN MIT ARTGENOSSEN

Sozialspiele beinhalten die Interaktion mit Artgenossen. Je nach Temperament und rassetypischer Veranlagung können die Spielvorlieben der Hundekameraden jedoch in weiten Grenzen variieren. Es lohnt sich also, das wilde Treiben im Auge zu behalten und einzuschreiten, falls einer keinen Spaß mehr an der Sache hat.

SPIELERTYPEN

Spielen ist für Hunde wichtig, denn es bedeutet Lernen fürs Leben (→ *Seite 119*). Je öfter ein Welpe Gelegenheit hat, im gemeinsamen Spiel mit Artgenossen seine Fähigkeiten zu erproben und zu perfektionieren, desto entspannter wird er später im Umgang mit anderen Hunden sein. Vor allem, wenn er von Anfang an mit Kameraden unterschiedlichen Alters und Aussehens zu tun hatte. Denn je nach Rasse werden unterschiedliche Spielarten bevorzugt.

Gemeinsam sind wir stark. Nicht nur, dass zusammen alles mehr Spaß macht – Teamwork ist obendrein eine gute Idee für sensible Hunde, die sich so an einem souveränen Artgenossen orientieren können.

Spielformen

Hunde unter sich spielen am liebsten

◈ **Renn- und Jagdspiele**: Dabei rennen die Vierbeiner um die Wette und jagen sich gegenseitig. Kein Wunder, dass Jagd- und Windhunde an diesem Spiel besonderen Gefallen finden. Eher stämmige Konsorten wie beispielsweise der Labrador zeigen auch durchaus Körpereinsatz, um den Verfolger durch einen tüchtigen Bodycheck abzuhängen.

◈ **gegenseitiges Belauern**: Anpirschen, Fixieren, und dann der spielerische Überfall – das macht vor allem Welpen tierisch Spaß. Von den erwachsenen Vierbeinern lassen sich am ehesten Hütehunde zu diesem Spiel überreden.

◈ **Zerr- und Beißspiele**: »Schau mal, was ich da habe!« Die »Beute« lässig im Maul hin- und herschwenkend hofft der Jungspund darauf, dass der Partner diese auch mal haben möchte. Jagdhunde wie Terrier und Dackel lassen sich nur zu gerne auf das Angebot ein. Haben sie die »Beute« dann erst einmal ergattert, wird sie mit Ausdauer geschüttelt. Das funktioniert auch mit dem Nackenfell des Artgenossen ...

◈ **lockere Kampfspiele**: Bei den Balgereien geht es mit Klammern und Niederdrücken des Gegenübers ordentlich zur Sache. Auch die Zähne kommen dabei zum Einsatz. Gut, dass die Beißhemmung (→ *Seite 28*) schon erlernt ist!

FAIR PLAY

Altersunterschied

Welpen erproben im Spiel viele typische Verhaltensweisen, ohne dass dem Körpersignal aber unbedingt eine Handlung folgen muss. Im Klartext: Man zeigt schon mal die Zähne und droht, doch statt einem echten Kampf liefert man sich hinterher doch lieber eine wilde Verfolgungsjagd. Erwachsene Hunde nutzen das gemeinsame Spiel auch, um sich gegenseitig einschätzen zu können. Hier ist dann eher die Gefahr gegeben, dass aus Spaß bitterer Ernst wird.

ECHTES SPIEL

Damit Hunde untereinander fröhlich und ausgelassen spielen können und einer vom anderen profitiert, müssen folgende Bedingungen erfüllt sein:
- Hunde können nur in einer lockeren und stressfreien Atmosphäre spielen, Stress blockiert.
- Keiner darf vor einem seiner Partner Angst haben.
- Das Spiel kann von jedem jederzeit beendet werden.
- Es gibt keine festen Rollen bei dem Spiel, jeder ist mal der Gewinner und der Verlierer. Erwachsene Hunde nehmen sich gegenüber den jüngeren Artgenossen zurück.
- Körperlich stärkere Hunde haben gelernt, ihre Kraft wohldosiert einzusetzen. Das Spiel dient nicht dazu, den anderen einzuschüchtern.

Ist doch nur Spaß

Lassen Sie sich nicht von lautem Knurren, Beißen oder Ähnlichem abschrecken. Wenn Hunde spielen, kann es durchaus wilder zugehen. Dass es sich immer noch um ein Spiel handelt, erkennen Sie daran:
- Aufforderung zum Spiel: Tiefstellung des Vorderkörpers, das Hinterteil ragt in die Luft, der Schwanz wedelt, der Kopf bewegt sich hin und her, fröhliches Gebell
- übertriebener Körperausdruck (Gestik): Der Hund kommt hopsend angelaufen und bleibt ruckartig stehen.
- übertriebener Gesichtsausdruck (Mimik): Obwohl der Hund das Maul aufreißt und die Zähne bleckt, ist sein Gesicht entspannt (Spielgesicht).
- »Lachen«: Hunderassen wie Pudel oder Dalmatiner ziehen die Oberlippe hoch, was einem Lachen ähnlich sieht.
- Nasenstupser: Freundschaftliche Stupser unter Kumpeln.

Aus Spaß wird Ernst

Untrügliche Kennzeichen des Stimmungswechsels sind:
- Die Körpersprache ändert sich konsequent in Richtung Drohen oder Angriffsbereitschaft (→ Seite 16, 17).
- Einer der Spielpartner fühlt sich sichtlich unwohl. Unsicheres oder gar ängstliches Verhalten ist zu erkennen.
- Es findet kein Rollentausch mehr statt **und** der gejagte Hund zeigt deutliche Stress- und/oder Angstanzeichen.

Spielen im Doppelpack finden Hunde meist super. Doch achten Sie darauf, dass es nicht zu einer Ressourcenverteidigung kommt!

/// **SCHON GEWUSST?** ///

MOBBING UNTER HUNDEN

Mobbing unter Hunden beginnt immer dann, wenn unter den Spielkameraden keine Gleichberechtigung mehr herrscht, sondern der Stärkere dem Schwächeren seine Überlegenheit demonstriert. Oft wird der unterlegene Hund dabei selbst zum Spielobjekt oder zur Beute. Wenn der Spielpartner oder schlimmer noch die ganze Truppe einen Hund bedrängen und dieser keine Möglichkeit zum Rückzug hat, ist es höchste Zeit zu intervenieren!

▶ JOBS & SPIELE ◀

SPIELEN VERBINDET
SPASS FÜR HUND UND HALTER

Überlassen Sie das Spiel mit Ihrem Welpen nicht allein seinen Artgenossen, sondern bringen Sie sich auch selbst aktiv ein. Gemeinsam Spaß haben stärkt die Mensch-Hund-Beziehung ungemein! Dazu braucht es nicht einmal ein Spielzeug, Ihr Welpe ist auch vollauf begeistert, wenn Sie einfach miteinander toben und balgen.

GANZ ODER GAR NICHT

Wenn Ihr Welpe Sie kess zum gemeinsamen Spiel auffordert (→ *Seite 123*), dann sollten Sie seiner Einladung nicht halbherzig, sondern mit aufrichtiger Freude folgen. Schlechte Stimmung oder gesundheitliches Unwohlsein haben hier keine unterstützende Wirkung. Das Spiel soll die Beziehung zwischen Ihnen und Ihrem Welpen aufbauen, stärken und fördern. Doch dies gelingt nur dann, wenn Sie sich mental auf eine Auszeit mit ihm einlassen.

Gos

Hiermit signalisieren Sie dem Vierbeiner Spielbereitschaft:
- positive innere Einstellung zum Spielen
- bequeme Kleidung; da es auch mal wilder zugehen kann, sollten Sie nicht gerade Ihren »Sonntagsanzug« tragen
- dem Hund zugewandter Körper
- Ihre Körperhaltung sollte Spiel signalisieren
- übertriebene Bewegungen und Gesten
- entspanntes Umfeld ohne ablenkende Reize

No-Gos

Das hat beim gemeinsamen Spiel nichts verloren:
- Abbruchsignale wie z. B. »Nein«
- Grunderziehung – Spiel ist Spiel
- bedrohliche Körperhaltungen
- Besitzanspruch auf Spielzeug erheben und durchsetzen
- Bestrafung, wenn das Spiel etwas wilder ausfällt

AUF DU UND DU

Fordern Sie doch einfach mal Ihren Hund zum Spielen auf! Gehen Sie mit stark gebeugten Knien und tiefer Körperhaltung auf ihn zu. Schauen Sie, wie er reagiert. Motivieren Sie ihn mit freundlicher Stimme. Rennt er weg, oder geht er

Ein bisschen Spaß muss sein. Das gilt nicht nur für Menschen-, sondern auch für Hundekinder. Die Sicherheit Ihres Welpen steht dabei natürlich immer an allererster Stelle!

▸ SPIELEN VERBINDET ◂

Von wegen albern – je vielfältiger und kreativer Ihr Welpe seine Umwelt erkunden kann, desto besser ist er auf das Leben an Ihrer Seite vorbereitet.

ebenfalls mit dem Vorderkörper nach unten? Viele Hunde lieben das Hinterherjagen, andere bevorzugen, gejagt zu werden. Schleichen Sie sich einfach mal an, oder bleiben Sie plötzlich abrupt stehen. Probieren Sie aus, worauf und vor allem wie Ihr Hund reagiert. Es kann sein, dass er Sie zu Beginn verdutzt ansieht und nicht weiß, wie er reagieren soll. Vielleicht kannte er derartige Bewegungen bis dato noch nicht von Ihnen? Egal, einfach weitermachen. Sie werden schnell merken, dass für Ihren Hund das gemeinsame Spiel eine immer größere Bedeutung bekommt.

/// CHECKLISTE ///

DAMIT DER SPASS ERHALTEN BLEIBT

Spaß und Entspannung sind für Ihren Hund nur dann gegeben, wenn Sie die Situation verantwortlich begleiten und die richtige Art des gemeinsamen Spielens herausfinden:
- Fordern Sie ihn nur dann auf, wenn er auch spielen will.
- Beenden Sie das Spiel rechtzeitig, nicht dann, wenn er bereits erste Stressanzeichen zeigt. Dazu zählen beispielsweise starkes Hecheln, Kratzen, Bellen, Jaulen, Anspringen, Aufreiten, Nervosität oder gar Durchfall.
- Hören Sie auf, wenn es am schönsten ist, umso mehr Lust hat Ihr Vierbeiner auf die nächste Runde.

GRENZBEREICHE

Eine häufig gestellte Frage ist auch, ob Zerrspiele erlaubt sind und Hunde gewinnen dürfen? Dazu gibt es kein einfaches Ja oder Nein. Ein unsicherer Hund kann in seinem Selbstbewusstsein gestärkt werden, wenn er das Zergeln gewinnt. Allerdings ist das Spiel dann nicht mehr unbelastet, sondern hat eher therapeutischen Hintergrund. Bei sehr selbstbewussten Hunden, die vielleicht sogar ein Problem im Umgang mit dem Sozialpartner Mensch haben, sind Ziehspiele tabu. Vorsicht ist auch bei Kindern geboten, da diese dem Hund noch nicht genug Kraft entgegensetzen können. Verletzungen sind vorprogrammiert ...

Zudem ist es nicht bei jedem Hund ratsam, sich auf den Boden zu legen und ihn auf sich herumturnen zu lassen. Bei manchen Rassen verbietet das allein schon die Größe. Ansonsten sollten Sie diese Art von Spiel nur dann mit Ihrem Hund eingehen, wenn Sie ihm voll vertrauen und seine Reaktion sicher einschätzen können.

▶ JOBS & SPIELE ◀

SPIELSACHEN
DIE HUNDE ANMACHEN

Damit das so bleibt, sollte das Spielzeug Ihrem Welpen aber nicht ständig zur Verfügung stehen, sonst wird es bald uninteressant. Am besten nur 2–3 Sachen anbieten und immer mal wechseln. Zwei besonders attraktive Stücke halten Sie für das Training zurück.

KUSCHELTIERE

Teddy oder Elefant, egal! Kuscheltiere sind nicht nur für Welpen der Renner – alles prima, wenn sie aus unbedenklichem Material sind und keine verschluckbaren Kleinteile aufweisen. Vom Kinderspielzeug trennen!

KONG

Der Kong ist ein hohles, aus Hartgummi hergestelltes Spielzeug. Mit Leckerchen befüllt, sorgt er nicht nur für Beschäftigung, sondern auch für viel Kauspaß – gerade wenn der Hund alleine bleiben muss, eine tolle Ablenkung. Tipp für heiße Tage: Mit Schleckpaste füllen und ins Eisfach legen. Sommergenuss für Ihren Welpen!

TUNNEL

Sehr beliebt für drinnen und draußen – der Tunnel. Er ist in diversen Farben und Längen erhältlich. Legen Sie ihn anfangs geradlinig aus und so, dass er nicht davonrollt, später dann auch kurven- oder s-förmig. Je dunkler, desto höher die Mutprobe.

QUIETSCHIES

Geliebt und gehasst zugleich – Letzteres vor allem von Ihnen und immer dann, wenn Ihr Welpe ausdauernd auf dem Quietschie kaut, obwohl Sie entspannen wollen. Lassen Sie ihm ab und an das Vergnügen, es muss eben nur der richtige Zeitpunkt sein.

▸ SPIELSACHEN ◂

KNOCHEN

Ob echter Knochen oder solche aus Stoff, Gummi oder Knotenseil – Hauptsache, es gibt was zum Benagen. Kauspielzeuge sind übrigens nicht nur für den Zahnwechsel empfehlenswert. Manche unterstützen durch ihre besondere Oberflächenstruktur auch den Abrieb von Zahnstein. Außerdem baut Kauen Stress ab, die Investition lohnt sich also gleich mehrfach.

HÜRDEN

Welpen hüpfen auch gerne mal über Stangen. Zur Schonung von Knochen und Gelenken sollten diese aber auf dem Boden liegen und erst später leicht angehoben werden.

DENKSPIELE AUS HOLZ

Intelligenzspiele sind Klassiker bei Regenwetter. Hütchen herausnehmen, Schubladen aufziehen oder Teile mit Nase und Pfote verschieben, um an die Belohnung zu kommen – hier muss Ihr Welpe Köpfchen beweisen. Der passende Schwierigkeitsgrad sorgt für das nötige Erfolgserlebnis!

BÄLLE

Tennisbälle, Treibbälle, Gymnastikbälle – egal, Hauptsache rund und schnell. Besonders weit lassen sich solche mit Schnur dran werfen. Doch Vorsicht: Wurfspiele können manche Hunde geradezu süchtig machen. Darum achten Sie darauf, dass Sie beim Spiel immer die Kontrolle behalten!

JOBS & SPIELE

DENKSPIELE
CLEVERE SPIELE FÜR CLEVERE KÖPFCHEN

Freizeitspaß in allen Ehren, doch viele Hunde brauchen zusätzlich eine Aufgabe, bei der sie ihre speziellen Fähigkeiten unter Beweis stellen können. Im Fachhandel steht eine Vielzahl unterschiedlichster Geschicklichkeitsspiele bereit, um Ihren Hund kognitiv auszulasten. Doch viele Dinge können Sie auch ganz einfach selbst kreieren.

GEHIRNNAHRUNG
Bei Denkspielen mit Futter ist Tüftelarbeit angesagt. Denn hier muss Ihr Welpe nicht nur ein cleveres Köpfchen beweisen, sondern auch Nasen- und Pfotenarbeit leisten.

Futterspiele
Machen Sie sich auf die Suche. Im Zoofachhandel finden Sie viele Intelligenz- und Geschicklichkeitsspiele mit unterschiedlichen Schwierigkeitsstufen. Da müssen Schubladen herausgezogen, Abdeckungen verschoben und Klappen geöffnet werden, um an das Objekt der Begierde zu gelangen. Der eine braucht länger, der andere ist recht flott dabei. Ganz egal, die Dauer spielt keine Rolle. Entscheidend ist, dass Ihr Welpe kreativ sein kann. Das fördert!

Vielleicht finden Sie in Ihrem Haushalt aber auch drei gleich aussehende und einigermaßen stabile Kunststoffbecher. Dann ist für Ihren Welpen Nasenarbeit angesagt. Denn nur unter einem befindet sich das Häppchen ...

Futterbälle
Futterbälle aus Hartplastik mit mehreren kleinen Öffnungen verleiten den Hund zu überlegen, wie man schnell und einfach die leckeren Brocken herausbekommt. Sobald er den Ball mit der Pfote oder Nase anstupst, purzelt die verdiente Belohnung auch schon heraus.

Einen ähnlichen Effekt können Sie erreichen, wenn Sie die begehrten Brocken in ein altes Handtuch wickeln.

Futter verstecken
Leckerchen verstecken ist eine weitere Möglichkeit, um auch an Regentagen für Spaß und Spiel in der Wohnung zu sorgen. Denn hier ist wieder die scharfe Nase Ihres Welpen

Viele Hunde lieben Bälle – und wenn etwas Gutes herausfällt, umso mehr! Setzen Sie den Futterball aber gezielt ein, er sollte dem Welpen nicht zur freien Verfügung stehen. Nur so bleibt er spannend!

DENKSPIELE

Egal, welche Sinnesleistungen Sie Ihrem Vierbeiner abverlangen – auch nach dem Gehirnjogging wird er tief und entspannt schlafen.

gefragt. Wer seine Wohnungseinrichtung schonen will, versucht es besser mit einem Schnüffelteppich. Diesen gibt es in vielen verschiedenen Farben und Größen zu erwerben. Ziel ist es, die Leckereien zwischen den ganzen Teppichstreifen ausfindig zu machen. Je dichter diese angeordnet sind, desto schwieriger wird es.

Und nicht zuletzt kann selbst ein vielbenutzter Karton noch dazu dienen, den eigenen Hund zu bespaßen. Bestücken Sie ihn mit ungefährlichem Füllmaterial (Papier, alte Handtücher und Lappen etc.), und verstecken Sie dazwischen Leckereien und Kauartikel. Dann darf Ihr Welpe auspacken. Sie können auch Löcher in den Karton schneiden und darin Kauartikel feststecken oder verkeilen. Mal sehen, wie lange Ihr Welpe braucht, bis der Kauspaß beginnt.

GEHIRNJOGGING
Fördern Sie die besonderen Talente Ihres Welpen. Sollte er schon früh Freude an Nasenarbeit zeigen, so ist es besser, wenn Sie ihm eine verlockende Spur legen.

Fährte legen
Den nächsten Spaziergang machen Sie am besten in Begleitung. Mit dabei ist auch ein Futterbeutel, gefüllt mit besonders leckeren Häppchen. Lassen Sie Ihren Welpen zunächst ausgiebig an dem Futterbeutel schnuppern. Dann bleiben Sie mit ihm zurück, während die Hilfsperson den Futterbeutel ein Stück weit an der Leine hinter sich herzieht. Der Welpe darf zunächst dabei zusehen, erst zum Schluss lenken Sie ihn ab, damit er nicht sieht, wo der Beutel versteckt wird. Nun gehen Sie mit ihm an den Anfang der Fährte und lassen ihn suchen. Mal sehen, was er drauf hat!

Versteckspiele
Ob in Haus oder Garten – Spielzeug können Sie überall für Ihren Welpen verstecken. Verbindet er damit verschiedene Namen, können Sie ihn gezielt auf die Suche schicken.

/// SCHON GEWUSST? ///

WASSERSPIELE
Äpfel schwimmen im Wasser und Möhren gehen unter. Beschäftigen Sie Ihren Hund doch mal im Wasser. Entweder werden die Pfoten oder die Schnauze zum »Fischen« eingesetzt. Fangen Sie mit einem Eimer oder einer Schüssel an, bevor Sie sich an größere Aufgaben wagen.

▶ HUNDESCHULE ◀

HUNDESCHULE
RUNDHERUM GUT AUFGEHOBEN

Schon längst gehört die Hundeschule zum guten Ton der Hundeerziehung. Vor allem Welpenkurse sind überaus gefragt, denn schließlich will jeder Hundehalter seinen Vierbeiner (und sich selbst) bestmöglich auf das gemeinsame Leben vorbereiten. Doch woran ist eine gute Hundeschule zu erkennen? Hier ein paar Tipps.

DIE QUAL DER WAHL

Derzeit gibt es allein mehr als 2300 gewerblich gemeldete Hundeschulen in Deutschland. Bei knapp 6 Millionen Hunden in Deutschland ist das auch gut so. Umfragen zufolge haben selbst Halter von Hunden, die keinerlei Verhaltensauffälligkeiten zeigen, schon mindestens einmal im Leben ihres Vierbeiners eine Trainingseinheit absolviert (Heimtierstudie »Wirtschaftsfaktor Heimtierhaltung«, 2015). So zahlreich die Trainingsangebote sind, so vielfältig sind auch die verschiedenen Trainingsansätze. Es ist also nicht ganz einfach, den richtigen Berater für das eigene Mensch-Hund-Team zu finden. Darauf kommt's an:

Kompetenz

Seit Novellierung des Tierschutzgesetzes wird der qualifizierten Ausbildung von Hundetrainern eine deutlich höhere Bedeutung beigemessen. So ist diese Tätigkeit seit dem 01.08.2014 erlaubnispflichtig und an den entsprechenden Sachkundenachweis bei der zuständigen Veterinärbehörde gebunden. Erkundigen Sie sich also nach Qualifikationen, Abschlüssen und laufenden Fortbildungen. Das Training sollte nach modernen Standards erfolgen mit Hauptaugenmerk auf der positiven Bestätigung.

Sympathiefaktor

Die »Chemie muss stimmen«, und zwar zwischen Ihnen, Ihrem Hund und dem Trainer. Denn was hilft es, wenn zwar Ihr Vierbeiner den neuen Lehrer super findet, aber Sie nichts von ihm annehmen würden, weil Sie seine Persönlichkeit oder seine Trainingsphilosophie infrage stellen? Sprechen Sie das an, das dürfen und sollen Sie sogar. Das passende Hundetraining erkennen Sie daran, dass Sie und Ihr Hund Spaß haben und das Üben erfolgreich ist.

Eine gute Hundeschule achtet darauf, dass es Ihnen und Ihrem Welpen gut geht. Spiel, Spaß und Lernen stehen auf dem Programm.

Individuell und flexibel

Das Training sollte individuell auf Sie und Ihren Hund abgestimmt sein. Neben Rasse und Persönlichkeit Ihres Vierbeiners finden auch Sie und die besonderen Erfordernisse Ihres Alltags Berücksichtigung. Klappt's mal nicht so recht mit einer Übung, hält der Trainer noch alternative Strategien für Sie parat und kontrolliert Ihre Fortschritte.

Distanz wahren

Aufgabe Ihres »Paartherapeuten« ist auch herauszufinden, was dem Mensch-Hund-Team noch fehlt. Dazu haken Trainer manchmal genauer nach, um die Ursache des Problems zu finden. Ziehen Sie aber deutlich Grenzen, wenn Sie manche Themen nicht ansprechen wollen, aber auch, wenn Sie Ihrem Hundetrainer den Hund nicht an die Leine geben möchten. Das müssen Sie nicht.

Effektivität

Ist das Training gut strukturiert? Dann ist für Sie auch zu jeder Zeit nachvollziehbar, was und warum Sie etwas in den einzelnen Stunden üben. Toll, wenn Ihr Trainer Hausaufgaben aufgibt und dazu in der nächsten Stunde ein konstruktives Feedback gibt. Dazu gehört, dass er Ihnen sagt, was Sie schon alles gut machen und was Sie optimieren können.

Der Ton macht die Musik

Achten Sie auf freundliche Umgangsformen, sowohl dem Hund als auch Ihnen gegenüber. Sie müssen sich nicht vorwerfen lassen, wenn etwas schiefgelaufen ist.

SCHNUPPERKURS

Gut geführte Hundeschulen bieten die Möglichkeit, dass Sie sich das Training unverbindlich anschauen oder eine Probestunde buchen können. Verschaffen Sie sich Einblick.

Kleingruppen

Empfehlenswert sind Gruppen mit etwa sechs Hunden pro Trainer. So bleibt die Truppe überschaubar und vor allem kontrollierbar. Auch können Sie effizient trainieren, ohne lange Wartezeiten in Kauf nehmen zu müssen.

Altersgerecht

Im Optimalfall sollten die Welpen einer Gruppe nicht älter als 16 Wochen sein. Junghunde sind hier nicht mehr erwünscht, da sie schon wesentlich ungestümer spielen.

Ortswechsel

Ein besonderer Pluspunkt: Die Hundeschule wechselt auch mal das Ambiente. So lernt Ihr Welpe nicht nur den Hundeplatz kennen, sondern kann auch in der Öffentlichkeit trainieren. Vielleicht lernt er ja sogar die Stadt, den Wald, das Wildgehege oder gar den Tierarzt kennen ...Wichtig ist in jedem Fall, dass die Welpen nicht nur miteinander spielen können, sondern auch Bindungsübungen und das Erkunden der Umwelt mit Bezugsperson gefördert werden.

/// CHECKLISTE ///

IN GUTER BEGLEITUNG

Sind Sie beide neu in der Welpengruppe, dann sollten Sie Ihren kleinen Vierbeiner noch etwas im Auge behalten. Nur wenn er sich in der Gruppe wohlfühlt und nicht überfordert ist, macht das Training Sinn. Vielleicht müssen Sie ihm auch manchmal dabei helfen, sich einzugewöhnen:

◉ Ob Ihr Welpe sich in der neuen Clique wohlfühlt, erkennen Sie daran, dass er kein Meideverhalten zeigt, wenn Sie an der Hundeschule angekommen sind.

◉ Machen Sie nur bei Übungen mit, bei denen Sie sich beide wohlfühlen.

◉ Unterstützen Sie Ihren Hund: Wenn Sie das Gefühl haben, dass ihm alles zu viel wird, setzen Sie sich zu ihm auf den Boden. Nehmen Sie ihn bitte nicht auf den Arm! Dadurch hindern Sie ihn daran, natürlich zu kommunizieren. Zudem könnte er die Situation ausnutzen und von oben herab mutiger werden, als es ihm guttun würde.

◉ Nach der Unterrichtsstunde wird sich Ihr Welpe erst einmal eine Ruhepause gönnen. Behalten Sie dabei jedoch die Uhr etwas im Auge: Schläft Ihr Youngster auffallend lange, hat ihn das Erlebte und Erlernte eventuell überfordert.

STEP BY STEP

DA BIN ICH!

Voller Stolz geht es zur ersten Welpenstunde – Hund und Halter sind aufgeregt, denn der erste Ausflug ist spannend! Auch wenn jeder Trainer seine Kurse etwas anders aufbaut – ein paar Tipps geben wir vorab!

Klar, dass Ihr Welpe beim ersten Mal zunächst an der Leine bleibt. Falls er zu den aufgeschlossenen Typen gehört und am liebsten gleich zu den neuen Kumpels stürmen möchten, geben Sie nicht nach. Schließlich soll das Ziehen an der Leine ja nicht von Erfolg gekrönt sein (→ Seite 116). Warten Sie, bis er sich beruhigt hat. Wenn Sie sich dann unter das Geschehen mischen, sollten Sie noch größeren Abstand zu den anderen halten (2,5-fache Leinenlänge). Sind Sie Quereinsteiger, werden Sie vielleicht mit Gebell begrüßt. Macht nichts, einfach lächeln und weiter. Geht es ins Freispiel, lösen Sie Ihren Welpen von der Leine, halten ihn aber noch bei sich. Erst wenn alle anderen Hunde frei sind, darf er auf Ihr Auflösesignal loslaufen. So wird das Lösen des Karabiners für ihn nicht zum »Ich-bin-dann-mal-weg-Signal«!

Spielen an der Leine ist unerwünscht. Es kann zu »Verwicklungen« kommen – Stress und Aggressionen wären vermeidbare Folgen.

Anfangs ist es wichtig, etwas Abstand zu den anderen Hunden zu halten, bis man sich miteinander bekannt gemacht hat.

Auch bei den ersten Übungseinheiten sollte Ihr Welpe mit den anderen Gruppenmitgliedern noch nicht auf »Tuchfühlung« gehen.

Sie möchten Ihren Welpen nun doch endlich loslassen? Gerne! Gehen Sie dazu in die Hocke, und lösen Sie ruhig den Karabiner. Ihr Vierbeiner bleibt unterdessen noch ruhig bei Ihnen, bis Sie sich entfernen und ihn freigeben.

▸ JOBS & SPIELE ◂

TROUBLESHOOTING

AUF DEM HUNDEPLATZ

EINEN HUND ZU ERZIEHEN IST EINE WUNDERBARE AUFGABE UND GLEICHZEITIG EINE GROSSE HERAUSFORDERUNG.

SILVIA GRUBER ist Hundetrainerin und Verhaltensberaterin mit Leidenschaft. Ihre eigenen Hunde gehören nicht zu der Fraktion »pflegeleicht«, wie sie selbst berichtet – aber eben deshalb kennt sie die Bedürfnisse ihrer Kunden genau. Neben individuellem Einzeltraining und Kleingruppentraining bietet sie auch Beratung vor dem Hundekauf an und steht zukünftigen Hundehaltern gerne von Anfang an hilfreich zur Seite.

↠ Oft ist zu beobachten, dass auf dem Hundeplatz das Training sehr gut aussieht, aber sobald der Hundehalter den Platz verlässt, gibt es Chaos – warum?

SILVIA GRUBER: Hunde lernen im Kontext, d. h. alle Informationen, die sie im Lernprozess wahrnehmen, werden mit abgespeichert. Bringen wir einem Hund z. B. »Sitz« auf dem Hundeplatz bei, gehören für ihn neben dem Wort »Sitz« und dem entsprechenden Handzeichen die Umgebung, anwesende Menschen und Hunde, Gerüche, Stimmung, Körpersprache und sogar die Kleidung des Hundehalters mit dazu. Außerhalb des Hundeplatzes fehlen ihm diese zusätzlichen Bestandteile, weshalb er entweder gar nicht oder irritiert auf unser Signal reagiert. Damit er das Verhalten, das er auf dem Hundeplatz gelernt hat, auch in anderen Situationen zeigen kann, muss er zuerst lernen, welche der vielen Informationen nun diejenigen sind, auf die es ankommt – in unserem Beispiel das Wort »Sitz« und das Handzeichen. Deshalb üben wir das an verschiedenen Orten und steigern dabei langsam den Schwierigkeitsgrad. Dabei beginnt man in einer Umgebung, die möglichst reizarm ist, d. h. so wenig Ablenkung wie möglich für den Hund bietet. Schritt für Schritt baut man das Training dann weiter aus, bis der Hund gelernt hat, dass »Sitz« immer und überall gilt, und dies auch zuverlässig ausführt, unabhängig davon, was um ihn herum sonst gerade so alles passiert.

↠ Welche Fehler können Hundehalter vermeiden?

SILVIA GRUBER: Bereits die Wahl der Hunderasse sollte gut überlegt sein. Statt auf das äußere Erscheinungsbild zu achten oder einem aktuellen Trend zu folgen, muss der Hund in erster Linie zu den Menschen, ihrem Lebensumfeld und ihrer Lebensweise passen. Bin ich selbst eher der »Couch-Potato«, ist ein Border-Collie nicht die richtige Wahl – auch wenn er hübsch aussieht. Und für einen Herdenschutzhund bietet eine Stadtwohnung in der dritten

TROUBLESHOOTING

»Learning by doing« – es gibt viele Situationen, in denen es sich anbietet, ganz nebenbei zu trainieren.

Etage keine idealen Lebensbedingungen. Wer weiß, wie sein Hund tickt, was er braucht, wie er lernt und wie er kommuniziert, kann viele Fehler im Vorfeld vermeiden.

≫► Was raten Sie Hundehaltern in Ihren Gruppenstunden, wenn sich deren Hunde nicht mögen?

SILVIA GRUBER: Begegnungen mit anderen Hunden zu meistern sind mitunter die größte Herausforderung im Alltag mit dem eigenen Vierbeiner. Pöbeln, knurren und Zähne fletschen, was das Zeug hält – alles kommt vor. Warum ein Hund in dieser Situation ein derartiges Verhalten zeigt, kann viele Ursachen haben. Sind in einer Gruppe zwei Hunde, die ein Problem miteinander haben, sorge ich dafür, dass die beiden zum einen nicht aneinandergeraten können und zum anderen, dass sie sich verstärkt auf ihren Menschen konzentrieren. Dazu vergrößern wir den Abstand zwischen den beiden Hunden so weit, dass jeder die Anwesenheit des anderen ertragen kann, ohne »auszuflippen«, und achten gleichzeitig darauf, dass sie keinen Sichtkontakt zueinander haben. Mit gezielten Übungen lenken wir die Aufmerksamkeit der Hunde auf ihre Menschen. So lernt der Hund, sich auf seinen Halter zu fokussieren, und der Halter lernt, wie er derartige Situationen auch außerhalb der Trainingssituation managen kann.

≫► Was wäre eine Orientierung für den Hundehalter, wenn sein Hund gebissen wurde? Was sollte er tun?

SILVIA GRUBER: Ruhe bewahren und nicht in Panik geraten! Sicherheit geht vor – auch die eigene! Ist der Hund nicht angeleint, sollte man ihn zuerst sichern, um zu verhindern, dass er fluchtartig wegrennt. Da auch der liebste Hund unter Schmerzen um sich beißen kann, ist es ratsam, ihm eine Maulschlaufe anzulegen, bevor man seine Wunden versorgt. Kleine Schrammen kann man in der Regel selbst behandeln, bei größeren und stark blutenden Wunden, zuerst die Blutung stillen (Druckverband anlegen) und dann sofort zum Tierarzt. Wenn es die Situation zulässt, lassen Sie sich die Kontaktdaten des anderen Hundehalters geben. Liegt die Haftung eindeutig bei ihm, kommt seine Versicherung für die Tierarztkosten auf. Deshalb immer die Rechnung mitnehmen! Die Teilnahme an einem Erste-Hilfe-Kurs für Hunde ist jedem Hundehalter anzuraten.

≫► Worin sehen Sie die größte Gefahr im Umgang zwischen dem Hundehalter und seinem Hund?

SILVIA GRUBER: Probleme und Missverständnisse mit dem Hund entstehen überwiegend durch das Verhalten des Hundehalters selbst. Durch seine Art und Weise, wie er mit dem Hund umgeht, beeinflusst und formt er maßgeblich auch dessen Verhalten. Wir alle lieben unsere Hunde und möchten nur das Beste für sie. Was (m)ein Hund allerdings wirklich braucht, um für die Herausforderungen des Alltags in unserer Welt gut gerüstet zu sein, wissen wir oft nicht so genau. Es ist eine große Verantwortung, einen Hund zu erziehen. Deshalb sollten wir ihm alles mit auf den Weg geben, was er für seine positive Entwicklung und ein erfülltes Hundeleben braucht!

TIPP

Wenn Sie mehr über Silvia Gruber erfahren wollen, dann schauen Sie doch gerne auf ihrer Homepage vorbei: www.hundetrainer-dogit.de.

Beobachten Sie Ihren kleinen Schützling auf dem Platz. Dort lernt er viel Neues, auch mal der Über- oder Unterlegene zu sein. Solange es ein Spiel bleibt, ist das okay.

▸ JOBS & SPIELE ◂

AUF KURS BLEIBEN
ANGEBOTE FÜR DIE ÄLTEREN

Viele Hundehalter suchen nach der Welpengruppe weiterhin Anschluss an Gleichgesinnte und deren Vierbeiner. Hierzu gibt es viele verlockende Angebote. Hören Sie sich einfach um. Zudem bieten sich verschiedenste Möglichkeiten, wie Sie die speziellen Fähigkeiten Ihres Junghundes gezielt trainieren können.

ERZIEHUNGSKURSE

Erziehungskurse können sowohl als Einzeltraining als auch als Gruppenstunde angeboten werden und erstrecken sich meistens über einen festen Zeitraum (sechs bis zehn Wochen). Die Trainingsmodule können neben den praktischen Übungen auch theoretische Einheiten, Prüfungen oder gemeinschaftliche Aktivitäten umfassen. Hundeschule ist nicht gleich Hundeschule – telefonieren Sie ruhig vorher herum und erfragen Sie, wie die Unterrichtsstunden jeweils aufgebaut sind. Dann finden Sie auch die Hundeschule, mit deren Konzept Sie sich am ehesten identifizieren können. Prinzipiell haben Sie die Wahl zwischen folgenden Kursen:

- **Kurse zur Vorbereitung einer Prüfung**: z. B. Begleithundeprüfung oder Hundeführerschein
- **Kurse zum Erlernen einer bestimmten Fähigkeit**: Schnüffelkurs, Fährtenarbeit, Longieren, Agility etc.
- **Kurse zur Grunderziehung**: Vor allem junge Hunde lernen hier »Sitz«, »Platz«, »Hier« oder »Nein«.
- **Kurse zur Problembehebung**: z. B. Leinenführigkeitskurs oder Anti-Aggressionskurs
- **Kurse für eine bestimmte Altersgruppe**: z. B. Welpengruppe, Junghunde, Seniorenliga usw.

Natürlich können Sie auch mehrere Kurse parallel buchen, doch achten Sie darauf, Ihrem Hund nicht zu viel abzuverlangen. Er braucht seine Auszeiten! Übrigens: Sollten Sie Ihren Hund sehr stark fordern, wird er sich, ähnlich einem Hochleistungssportler, an das Tempo und die zu absolvierende Leistung gewöhnen. Frage: Können und wollen Sie das die nächsten 15 Jahre auch selbst so umsetzen? Denn Ihr Hund könnte das! Lassen Sie sich auch hier von Ihrem Trainer beraten. In festen Kursen stellt sich meist eine enge Beziehung ein, sodass er Sie beide gut einschätzen kann.

Das Alter ist nur eine Zahl! Ihr Hund freut sich, wenn er einen festen Platz in Ihrem Leben hat und möchte auch weiterhin in seinem Tempo gefordert werden. Lassen Sie ihn nicht einrosten!

▸ AUF KURS BLEIBEN ◂

TREFFS

Haben Sie mit Ihrem Vierbeiner das gewünschte Ziel erreicht, wollen aber weiterhin im Thema bleiben, so bieten verschiedenste Treffs die passende Gelegenheit dazu. Hier haben Sie Kontakt zu Gleichgesinnten und können Ihren Hund weiterhin auslasten. Natürlich ist auch ein Trainer mit von der Partie. Das Angenehme ist, dass Sie dessen Anleitung nun nicht mehr so intensiv benötigen und darum die Zeit mit Ihrem Hund effektiver nutzen können. Treffs finden meist in größerem Abstand statt als Kurse (alle vier Wochen), es gibt verschiedene Angebote:

- **Offene Treffs**: Hier stoßen jedes Mal andere Hunde aufeinander. So, wie es sich eben ergibt. Manchen Hundehaltern ist das zu wild, sie bevorzugen feste Gruppen.
- **Geschlossene Treffs**: Eine fest zusammengesetzte Gruppe trifft sich zum gemeinsamen Training.
- **Treffs für bestimmte Altersgruppen**: Welpentreff, Junghundtreff, Erwachsenentreff, Seniorentreff
- **Treffs für bestimmte Hundegrößen, Rassen oder Zuchtvereine**: Kleinhundetreff, Großhundetreff usw.

GESUNDHEIT GEHT VOR

Bei all den tollen Angeboten sollten Sie eines beachten: Die Gesundheit Ihres Hundes geht immer vor:

- Akuten wie auch chronischen Krankheiten sollten Sie immer Beachtung schenken. Falls Ihr Vierbeiner andere Welpen anstecken könnte, bleiben Sie Hundeschule oder Treffs besser fern und gönnen ihm eine Erholungspause.
- Bei chronischen Erkrankungen, z. B. von Knochen und Gelenken, sollten Sie mit Ihrem Trainer besprechen, wie weit die Übungen für Ihren Vierbeiner machbar sind, abgewandelt werden oder möglicherweise auch ganz entfallen müssen. Individuelles Training ist angesagt!
- Wilde Sprünge und mehrfache Tempowechsel sollten frühestens ab einem Alter von 1,5 Jahren auf dem Programm stehen. Ein guter Kurs zeichnet sich durch ein »Warm-up« aus, bei dem sich Kreislauf und Stoffwechsel des Hundes auf die höhere Belastung einstellen können.
- Leistungsdruck und Wettbewerb – nein danke! Wählen Sie Kurse aus, die Ihnen beiden Spaß machen. Ihr Hund ist schließlich keine Maschine, sondern der Held der Familie!

BEI UNS GEHT'S MANCHMAL ZIEMLICH CHAOTISCH ZU

Bei unserem bunten Familienleben war ich froh, dass dank der Hundeschule Routine und Rhythmus in unseren Alltag einkehrte. Einmal pro Woche hatten wir einen festen Termin in der Welpenschule, das half uns, die ersten Unsicherheiten im Zusammenleben mit dem neuen Familienmitglied zu überwinden und Struktur in unseren neuen Tagesablauf zu bringen. Es tat gut, dass alle in das Training eingebunden wurden. So lernten auch unsere Kinder, worauf es beim Zusammenleben mit dem kleinen Wirbelwind ankam. Spiel und Spaß für Hund und Menschenkinder stand dabei immer im Vordergrund. Ein gemeinsames Hobby war geboren. Wir waren knapp 2 Jahre regelmäßig in den Stunden, zuerst in der Welpengruppe, später in der »Rockergruppe«, als unsere Noumi in die Pubertät kam, und schließlich in den Auslastungskursen. Die Regelmäßigkeit und das Gelernte hat uns viel Sicherheit gegeben und aus unserer Noumi einen tollen Familienhund gemacht! Heute ist Noumi erwachsen und hat sich bestens integriert. Sie begleitet uns entspannt im Alltag, bleibt selbst bei Trubel völlig gelassen und meistert auch Stadtspaziergänge hervorragend. Noumi ist einfach klasse!

◆

DER HUND IST DAS EINZIGE WESEN AUF ERDEN, DAS DICH MEHR LIEBT ALS SICH SELBST (JOSH BILLINGS).

◆

Christina Scherhag lebt mit Mann und Kindern glücklich mit ihrer Hündin zusammen. Noumi stellt das Leben der jungen Familie zwar manchmal auf den Kopf, aber missen möchte sie keiner mehr!

ADRESSEN & LITERATUR

VERBÄNDE & VEREINE

Fédération Cynologique Internationale (FCI),
Place Albert 1er, 13,
B-6530 Thuin, www.fci.be

Verband für das Deutsche Hundewesen e. V. (VDH),
Westfalendamm 174,
44141 Dortmund, www.vdh.de

Österreichischer Kynologenverband (ÖKV),
Siegfried-Marcus-Str. 7,
A-2362 Biedermannsdorf,
www.oekv.at

Schweizerische Kynologische Gesellschaft (SKG/SCS),
Sagmattstr. 2,
CH-4710 Balsthal,
www.skg.ch

Deutscher Tierschutzbund e. V.,
In der Raste 10,
53129 Bonn,
www.tierschutzbund.de

Österreichischer Tierschutzverein,
Berlagasse 36,
A-1210 Wien,
www.tierschutzverein.at

Schweizer Tierschutz (STS),
Dornacherstr. 101,
CH-4008 Basel,
www.tierschutz.com

Bundestierärztekammer e.V.,
Französische Str. 53, 10117 Berlin
www.bundestieraerztekammer.de
BPT-Bundesverband praktizierender Tierärzte e. V.,
www.smile-tierliebe.de
Über das Portal finden Sie den nächstgelegenen Tierarzt

Deutscher Hundesportverband e. V.,
Vosshoeveler Str. 9a, 46485 Wesel,
www.dhv-hundesport.de

Berufsverband der Hundeerzieher und Verhaltensberater e. V. (BHV),
Alt Langenhain 22, 65719 Hofheim,
www.hundeschule.de

REGISTRIERUNG VON HUNDEN

Deutsches Haustierregister, Deutscher Tierschutzbund e. V., In der Raste 10, 53129 Bonn, Servicetelefon 0228-6049635, www.registrier-dein-tier.de

Internationale Zentrale Tierregistrierung (IFTA), Nördliche Ringstr. 10, 91126 Schwabach, Tel. 00800-43820000 (kostenlos), www.tierregistrierung.de

TASSO e. V., Abt. Haustierzentralregister, 65843 Sulzbach, Tel. 06190-937300, E-Mail: info@tasso.net,
www.tasso.net

FRAGEN ZUR HALTUNG VON HUNDEN BEANTWORTEN

Ihr Zoofachhändler und der Zentralverband Zoologischer Fachbetriebe Deutschlands e. V. (ZZF), Tel. 0611-44755332 (nur Telefonauskunft möglich: Mo 12–16, Do 8–12 Uhr), www.zzf.de

HAFTPFLICHTVERSICHERUNG

Fast alle Versicherungen bieten auch Haftpflichtversicherungen für Hunde an. Informationen erhalten Sie bei Ihrer Versicherung.

KRANKENVERSICHERUNG

AGILA Haustierversicherung AG,
Breite Str. 6–8, 30159 Hannover,
www.agila.de

Allianz, Königinstr. 28, 80802 München, www.allianz.de/gesundheit/tierkrankenversicherung

Uelzener Versicherungen,
www.uelzener.de

ADRESSEN & LITERATUR

HUNDE IM INTERNET

www.ferien-mit-Hund.de
Viele Adressen für den Urlaub mit Hund

www.haushueter.org
Urlaubsbetreuung

www.hundeadressen.de
Infos zu Sport, Erziehung und Ausbildung, Züchteradressen

www.stadthunde.com
Community rund um den Hund für zahlreiche Großstädte

www.spass-mit-hund .de
Mit vielen Ideen rund um Spiele und Beschäftigung mit dem Hund

LITERATUR

Feddersen-Petersen, D.:
Ausdrucksverhalten beim Hund.
Franck-Kosmos Verlag, Stuttgart

Feddersen-Petersen, D.:
Hundepsychologie.
Franck-Kosmos Verlag, Stuttgart

Hegewald-Kawich, H.:
300 Fragen zur Hundeerziehung.
Gräfe und Unzer Verlag, München

Kübler, H.:
Quickfinder Hundekrankheiten.
Gräfe und Unzer Verlag, München

Lindner, R.:
300 Fragen zum Hundeverhalten.
Gräfe und Unzer Verlag, München

Ludwig, G.:
Hunde-Spiele-Box.
Gräfe und Unzer Verlag, München

Rauth-Widmann, B.:
Die Sinne des Hundes.
Franck-Kosmos Verlag, Stuttgart

Schlegl-Kofler, K.:
Das große Praxishandbuch Hunde-Erziehung.
Gräfe und Unzer Verlag, München

Schlegl-Kofler, K.:
Hunde-Clickertraining.
Gräfe und Unzer Verlag, München

Schlegl-Kofler, K.:
Hundesprache.
Gräfe und Unzer Verlag, München

Schlegl-Kofler, K.:
Rückruftraining für Hunde.
Gräfe und Unzer Verlag, München

Schlegl-Kofler, K.:
Trickkiste Hundeerziehung.
Gräfe und Unzer Verlag, München

Schlegl-Kofler, K.:
Welpen-Erziehung.
Gräfe und Unzer Verlag, München

Schmidt-Röger, H.:
Das große Praxishandbuch Hunde.
Gräfe und Unzer Verlag, München

Schröder, C., Pape, L.:
Hunde Trainings-Box
Gräfe und Unzer Verlag, München

Taetz, A.:
Welpen Spiele-Box
Gräfe und Unzer Verlag, München

Winkler, S.:
Hunde-Clicker-Box.
Gräfe und Unzer Verlag, München

Ziemer-Falke, K., Ziemer, J., Burkholder, V.:
Fallbeispiele für Hundetrainer.
Kynos-Verlag, Nerdlen/Daun

Ziemer-Falke, K., Ziemer, J., Burkholder, V., Ziemer, T.:
Mützenklau und Nasenkuss.
edition zweihorn, Neureichenau

Ziemer-Falke, K., Ziemer, J.:
Spiel und Sport für Hunde.
Franck-Kosmos Verlag, Stuttgart

ZEITSCHRIFTEN

City Dog
www.citydog-hamburg.de

Der Hund
www.derhund.de

Dogs
TERRITORY Content to Results, Hamburg

Partner Hund
Ein Herz für Tiere Media GmbH, München, www.partner-hund.de

Unser Rassehund
Hrsg. Verband für das Deutsche Hundewesen e. V., Dortmund

REGISTER

Die **halbfett** gesetzten Seitenzahlen verweisen auf Abbildungen.

A

Abbruchsignal 62, 108–109, **108–109**
Aggressionsverhalten 17, 47, 68, 123
Agility 121
Ahnentafel 27
Alleine bleiben 62
Angst 40, 47
Apportieren 91, 121
Auflösesignal 63, 110–111, **110–111**
Ausdrucksverhalten 16–17, 47, 68, 119, 123
Ausstattung 19, 30–31, **30–31**
Auszeit 38, 43, 91, 101, 120
Autofahren 38, 73

B

Baden 72, 81
Ballaststoffe 78
Beißhemmung 28, 61, 68, 119
Belohnen 11, 30, 94, 95
Besucher empfangen 63, **63**
Bichon Frisé 25, **25**
Bindung 9, 37, 39, 42–45, 49, 81, 90, 91, 124
Blickkontakt 38, 62, 91
Brustgeschirr 31, **31**
Bulldogge, französische 24, **24**

C / D

Cavalier King Charles Spaniel 22, **22**
Charaktereigenschaften 40–41
Clickertraining 93, 112–113, **112–113**
Cocker Spaniel 24, **24**
Dummys 93

E

Eiweiße 78
Energiebedarf 77
Entwicklungsphasen 43, 64–65, 66–70
Entwurmung 46
Erste-Hilfe-Maßnahmen 84–85

F

Fette 78
Fremdkörper verschluckt 84
Führungsqualitäten 42–43, 90
Fütterung 77–79
Futter 19
  – Fertig- 78
  –, selbst zubereitetes 79
Futterbeutel 92
Futtermittelunverträglichkeit 79
»Fuß« 54

G

Geruchssinn 12, **12**
Geschlechtsreife 70
Giftpflanzen 29
Gesundheitsvorsorge 19, 46, 82, 83
Golden Retriever 22, **22**
Greyhound 25, **25**

H

Habituation 44, 45, 68
Haftpflichtversicherung 33
Halsband 31
Hecheln 12, 72
»Hier« 106–107, **106–107**
Hitze 72–73
Hörsinn 13
Hund
  –, Auswahl 20–21, **21**
  – im Büro 19, 33
  – in der Öffentlichkeit 54–55
  – und Kinder
  – und andere Tiere 44, 52–53, **52–53**
Hundedecke, DIY 32, **32**
Hundeerziehung 89–91
Hundekekse ratz-fatz, Rezept 79, **79**
Hundekorb 30, **30**
Hundepfeife 92
Hundeschule 19, 46–47, 131–137
  – Eingewöhnung 133, **133**
  –, Kennzeichen einer guten 131–132
  – Kurse, Treffs 136–137
Hundesteuer 33

I

Ignorieren, aktives 11, 57, **57**
Impfungen 27, 47, 82, 83

K

Kälte 73
Kaufvertrag 27
Kennzeichnungspflicht 33
Körpersprache 98
Kohlenhydrate 78
Kommunikation 15–16, 47, 98–99
Konditionierung, operante 10, 94, 95
Konsequenz 11, 18, 70, 95
Kosten 19
Krallen, zu lange 79
Krankheiten 142
Kuschelknochen, DIY 69, **69**

L

Leckerchen 30, 79, 93
Leine 47
– , lockere 55, 114–115
– Führ- 31, **31**
– Schlepp- 92
Leinenführigkeit 116–117, **116–117**
Leinenpflicht 55, 117
Lernen 10, 68, 94–97

M

Magendrehung 84
Malteser 23, **23**
Maulkorb, Gewöhnung an 71, **71**
Mietvertrag 33
Mikrochip 27, 33
Mineralstoffe 78
Mobbing unter Hunden 123
Mops 23, **23**

N

Nährstoffbedarf 77, 78
Näpfe 30, 73
»Nein« 108–109, **108–109**
Notfall 83–85
Neufundländer 23, **23**

O / P

Obedience 121
Parasiten 47
Pflege 80–81
Pfotenschuhe 73
»Platz« 104–105, **104–105**
Pointer 24, **24**
Probleme
– Fütterung 77, 79
– Gesundheit 77, 82–85
– Verhalten 61–62
Pudel 22, **22**

R

Rassehunde 22–25, **22–25**
Rohfütterung 79
Rückruf 106–107, **106–107**

S

Schock 85
Schweizer Sennenhund 25, **25**
Sehsinn 13
Sicherheitsmaßnahmen 28–29
Signale 11, 16, 18, 49, 63, 94–97, 99
Sinne 12–13, 67
»Sitz« 102–103, **102–103**
Sozialisation 43, 44, 68
Spaziergang 45, 72
Spiele 121, 128–129
Spielen 11, 47, 91, 119–121
– mit Artgenossen 122–123
– mit dem Menschen 124–125
Spielverhalten 123
Spielzeug 30, **30**, 126–127, **126–127**

Stubenreinheit 49–49, **48–49**
Suchspiele 91, 121

T

Tastsinn 13
Tierarztbesuch 46–47
Tierschutz 21, 27
 -gesetz 33
Timing, korrektes 94, 95
Training, korrektes 94–97, 101
Transportbox 31, **31**, 73

U

Überhitzung 72–73
Unfall 116
Umwelterfahrungen 10, 43, 45, 66, 67
Urlaub 19, 58–59

V

Verbandmaterial 111, **111**
Vergiftung 29, 84
Verletzungen 84
Verstärker, positiver 11
Vertrauensübung 39, **39**
Vitamine 78
Vorbilder 10

W

Wachstum, kontrolliertes 77
Wachstumskurve 77
Welpengruppe 47, 70, 133, **133**

Z

Zahnpflege 80
Zecken entfernen 79
Züchter 26–27, 44

GLOSSAR

HEPATITIS CONTAGIOSA CANIS

Schwere Infektionskrankheit des Hundes, die mit einer Leberentzündung (ansteckende Leberentzündung, HCC) und krankhaften Veränderungen am Gehirn einhergeht. Erreger ist ein Adenovirus, das neben Hunden auch viele wild lebenden Verwandten infiziert. Die Übertragung erfolgt von Tier zu Tier oder über infizierten Kot. Art und Ausmaß der Symptome variieren, kennzeichnend sind Fieber, Durchfälle, Augen- und Nasenausfluss sowie körperliche Abgeschlagenheit und Krampfanfälle.

LEPTOSPIROSE

Sie ist auch als Stuttgarter Hundeseuche oder Weil'sche Krankheit bekannt und wird verursacht durch Leptospira interrogans, ein Bakterium, das für viele Säugetiere und den Menschen gefährlich ist. Als Erregerreservoir dienen Nagetiere. Hunde stecken sich über verseuchtes Trinkwasser (stehende Gewässer, Pfützen) oder den Verzehr infizierter Tiere (Mäuse) an. Die Erkrankung führt zu Leber- und Nierenschäden, die sich jedoch durch eher unspezifische Symptome wie Mattigkeit, Appetitlosigkeit, Erbrechen und Durchfall äußern. Die Leptospirose ist eine Zoonose, d. h., sie kann durch direkten Kontakt vom Hund auf den Besitzer übertragen werden.

PARVOVIROSE

Sie ist die häufigste Virusinfektion bei Hunden. Die Übertragung erfolgt von Tier zu Tier oder über den Kontakt mit infiziertem Kot. Besonders heimtückisch: Das Virus kann auch durch Schuhe, Kleidung usw. übertragen werden. Grundsätzlich sind Hunde aller Altersstufen empfänglich, bei Welpen verläuft die Erkrankung jedoch besonders schwer und endet fast immer tödlich. Nach anfänglichem Fieber und Abgeschlagenheit treten schwere blutige Durchfälle und Erbrechen auf. Durch die massive Schädigung der Darmschleimhaut können die Erreger schließlich in den Blutkreislauf eindringen und sich über den gesamten Organismus ausbreiten.

STAUPE

Die Staupe ist eine gefährliche Viruserkrankung, die neben Hunden auch viele andere Tiere wie Füchse, Wölfe, Waschbären, Frettchen, Marder, Otter oder Seehunde betrifft. Der Erreger, ein Morbillivirus, wird über den Kontakt zu erkrankten Tieren und deren Ausscheidungen (Urin, Kot, Nasensekret etc.) übertragen und führt zu ganz unterschiedlichen Symptomen, die hauptsächlich die Atemwege, den Magen-Darm-Trakt sowie das Nervensystem des Hundes betreffen.

TOLLWUT

Auslöser ist ein Lyssavirus, mit dem sich neben Hunden und anderen Tieren auch Menschen infizieren können. Die Übertragung erfolgt zumeist über Bisswunden. Das Virus breitet sich über das zentrale Nervensystem aus. Zunächst kommt es zu Veränderungen im Verhalten (z. B. Angstzustände, Nervosität) des Hundes, später zeigt er sich aggressiv und unruhig, bevor im letzten Stadium Lähmungserscheinungen auftreten. Die Krankheit endet immer tödlich.

ZWINGERHUSTEN

Der Zwingerhusten des Hundes ist eine Faktorenerkrankung: Schlechte Haltungsbedingungen, mangelnde Hygiene und Stress begünstigen die Ansiedlung von Viren und Bakterien auf den Schleimhäuten der oberen Atemwege. Charakteristisches Symptom ist ein starker, »bellender« Husten, der über mehrere Wochen anhält. Betroffene Tiere zeigen sich oft noch recht munter, doch führt die Infektion zu einer Schwächung des Organismus und macht anfällig für weitere Erkrankungen. Gefährdet sind vor allem Hunde, die mit vielen anderen Artgenossen zusammen gehalten werden. Obwohl nicht Pflicht, ist die Impfung bei gesteigertem Infektionsrisiko (Tierpension) dennoch sinnvoll.

Das sind die wichtigsten Infektionskrankheiten des Hundes, gegen die Sie Ihren Welpen impfen lassen können.

Die werden Sie auch lieben.

ISBN 978-3-8338-7282-2

ISBN 978-3-8338-2874-4

ISBN 978-3-8338-7096-5

ISBN 978-3-8338-6241-0

ISBN 978-3-8338-6252-6

ISBN 978-3-8338-6646-3

 Auch als eBook erhältlich.

Mehr von GU auf **www.gu.de** und
facebook.com/gu.verlag

DIE AUTOREN

Kristina Falke und **Jörg Ziemer** sind behördlich zertifizierte Hundetrainer mit etlichen Zusatzqualifikationen auf dem Gebiet der Hundeerziehung und Verhaltensberatung. Gemeinsam gründeten sie das Schulungszentrum für Hundetrainer (www.ziemer-falke.de). Seit Jahren und mit stetigem Erfolg widmen sie sich der Ausbildung von Hundetrainern und Hundeverhaltensberatern. An mehreren Standorten in Deutschland und Österreich sind sie erfolgreich tätig. Als Fachbuchautoren haben sie bereits viele Bücher veröffentlicht und schreiben für Zeitschriften und diverse Magazine.

DANK

Unser Dank gilt unseren lieben Teilnehmern und Kunden sowie der gesamten Ziemer&Falke-Team-Familie, speziell Lisa Degener, Melanie Kunkel und Lisa Gunzenheimer! Ein dickes Dankeschön geht an den GU-Verlag, vertreten durch Frau Hellstern, Frau Dr. Gronau und Frau Ender. Die Zusammenarbeit hat unwahrscheinlich viel Spaß bereitet. Und natürlich danken wir unseren besten Kindern den Welt.

BILDNACHWEIS

Alamy: 73, 79, 109, 112, 113, 135; **Oliver Berkhausen:** 021_1, 144; **Tatjana Drewka:** 13, 23-2, 90, 135-2; **Petra Ender:** 81; **GettyImages:** 6, 12, 45, 48, 53-1, 53-2, 54, 55-1, 55-3, 58, 59, 66, 67, 72, 76, 89, 94, 111, 119, 125; **Hendrik Gerke:** 30, 31-1, 80-1, 92, 93, 126, 127; **Antonia Gruber:** 134; **Mauritius:** 10, 17, 33, 47-2, 61, 84, 87, 101, 136; **Offset:** 9-1, 11-1, 18, 36, 44, 51, 82, 120; **Wole Onigbanjo:** 46-1; **Heiner Orth:** 032-1, 69; **privat:** 26, 43, 64, 65, 85, 137; **Nicole Schick:** 39, 57, 63, 71, 102, 104, 106, 108, 110, 116, 117, 133; **Shutterstock:** 16, 25-3, 52, 53-2, 59-1, 60, 75, 80; **Stocksy:** Cover, 2, 4, 5, 7-2, 8, 14, 15, 38, 41-2, 47-1, 49, 50, 59-2, 62, 68, 70, 74, 86, 96, 99, 103, 105, 107, 114, 118, 123, 124, 129, 130; **Trio Bildagentur:** 10-1, 22, 23-1, 23-3, 24, 25-1, 25-2, 28, 31-2, 35, 55-2, 95, 100, 115, 122, 128, 131.

Die Illustrationen stammen von **Julia Krusch**, mit Ausnahme von: **Matias Kovacic:** 32, 69.

IMPRESSUM

© 2017 GRÄFE UND UNZER VERLAG GmbH, München

Alle Rechte vorbehalten. Nachdruck, auch auszugsweise, sowie Verbreitung durch Film, Funk, Fernsehen und Internet, durch fotomechanische Wiedergabe, Tonträger und Datenverarbeitungssysteme jeder Art nur mit schriftlicher Genehmigung des Verlages.

Projektleitung: Maria Hellstern
Lektorat: Dr. Stefanie Gronau
Bildredaktion: Petra Ender
Layout, Typografie und Umschlaggestaltung: independent Medien-Design, Horst Moser, München
Herstellung: Susanne Mühldorfer
Satz: Ludger Vorfeld
Repro: Longo AG, Bozen
Druck und Bindung: Printer Trento s.r.l., Trento

Umwelthinweis: Dieses Buch ist auf PEFC-zertifiziertem Papier aus nach-haltiger Waldwirtschaft gedruckt.

ISBN 978-3-8338-5920-5

3. Auflage 2020

Syndication: www.jalag-syndication.de

Liebe Leserin, lieber Leser,

haben wir Ihre Erwartungen erfüllt? Sind Sie mit diesem Buch zufrieden? Haben Sie weitere Fragen zu diesem Thema? Wir freuen uns auf Ihre Rückmeldung, auf Lob, Kritik und Anregungen, damit wir für Sie immer besser werden können.

GRÄFE UND UNZER Verlag
Leserservice
Postfach 86 03 13
81630 München
E-Mail:
leserservice@graefe-und-unzer.de

Telefon: 00800 / 72 37 33 33*
Telefax: 00800 / 50 12 05 44*
Mo–Do: 9.00 – 17.00 Uhr
Fr: 9.00 – 16.00 Uhr
(* gebührenfrei in D, A, CH)

Ihr GRÄFE UND UNZER Verlag
Der erste Ratgeberverlag – seit 1722

www.facebook.com/gu.verlag